生命《いのち》の哲学

〈生きる〉とは何かということ

小林道憲

人文書館

Liberal Arts Publishing House

カバー写真
「法然院・清泉『善気水』」
（阿弥陀三尊を象徴する三尊石が配置された方丈庭園にある）
撮影：水野克比古

生命《いのち》の哲学

〈生きる〉とは何かということ

目次

プロローグ

哲学のために

哲学の出発点

よく知られていますように、プラトン*やアリストテレス*は、哲学は〈驚き〉から始まると考えています。例えば、プラトンは、『テアイテトス』（155A）の中で、

「なぜなら、実にその驚きの情こそ哲学者の情なのだからね。つまり、哲学の始まりはこれよりほかにはないのだ」

と言っています。またアリストテレスも、『形而上学』（982b12）の中で次のように言っています。

「けだし、驚きによって、人間は、今日でもそうであるが、あの最初の場合にも、あのように哲学し始めたのである。」

他方、これもよく知られていますが、デカルト*は、哲学は〈懐疑〉から出発すると考えています。実際、デカルトは、『方法序説』（第四部）の中で、

「いささかでも疑わしいところがあると思われそうなものはすべて絶対的に虚偽なものとしてこれを斥けてゆき、かくて結局において疑うべからざるものが私の確信のうちには残らぬであろうか、これを見とどけねばならぬと私は考えた」

と言っています。

しかし、驚きや懐疑から始まるということは、哲学に限らず、すべての学問に通じることです。それは、およそ知識を求めることがそこから始まる出発点です。現に、哲学（philosophia）という言葉は、もともと、広く知識を愛求することを意味し、今日の学問分類で言いますと、人文、

社会、自然のあらゆる学問を含んでいました。学問認識は、事柄に対する驚異の感情や事柄に関する知識への懐疑から出発するのです。

なるほど、自然科学では、実験的方法にしても、観察的方法にしても、帰納的方法にしても、演繹的方法にしても、それぞれの分野に応じて、真理を探究する方法は定められていて、一定の方法論が確立しています。ですから、自然科学は、哲学ほど、方法論そのものを問題にはしません。しかし、だからといって、自然科学であっても、ただ単に与えられた一定のルールに従って探究して行けば、自動的に真理が見出されるというわけのものでもありません。自然科学でも、最初にどこに疑問を懐いたかということは、一つの結果を得るための重要な出発点になります。そして、その疑問は、その最も奥深くでは、自然現象に対する深い驚異の感情に裏づけられています。自然科学の発見でも、従来の考え方への懐疑が大きければ大きいほど、また、事柄そのものへの驚異の感情が深ければ深いほど、その発見は一時代を画するような大きなパラダイム*（枠組み）転換をもたらすものです。

としますと、知識を求めることは驚きや懐疑から出発するという昔からよくいわれてきたことは、今日でも、哲学ばかりでなく、人文、社会、自然のすべての学問に通じるはずです。わたしたち人間の知的探究は、何事につけ、事柄に対する素朴な驚きや既成の知識への懐疑から出発して、それがいろいろな学問的認識を生み出していくのです。なかでも、哲学は、この出発点の驚きや懐疑に絶えず戻りながら、諸学問の知識を吟味し、それらを総合して、一つの世界観にまとめていこうとします。

ところで、今日のわが国の大学でも、学生たちは、少なくとも、大学で教育される学問にはほとんど白紙の状態で入学して来ます。そして、さしあたり、一般教育で諸科学の全般的な方向を広く浅く学び、その後、専門分野の研究に入っていきます。この大学での知的探究の方向は、知識を求めるという人間の営みに適《かな》ったものと言えるでしょう。知識を求めることの出発点で驚きや懐疑というものが重要な要《かなめ》になることを考えるなら、一般教育でこそ、この知識を求めることの出発点が自覚される必要があります。そして、そのあらゆる知識を求めることの出発点を伝えるのは、特に、哲学というものの役割です。その点では、一般教育でこそ哲学を活かす道はあり、哲学は不可欠だということになります。西洋でも、リベラル・アーツ（自由学芸）は哲学と深く連関していました。

さらに、今日の大学での学問体系は流動化しており、これまでの専門分化の弊害を克服することを目指して、総合化の方向に向かってもいます。人文、社会、自然という従来の学問区分の垣根を破って、さまざまな科学が、〈情報〉とか〈環境〉とか〈生命〉とか、種々の共通問題を通して学際的に接触してきていることは否定できません。このような学問の総合化の方向に哲学の果たすべき役割も大きいと思います。

よく知られていますように、もともと、哲学は、種々の学問が分化してきた母体でもありました。ですから、今でも、哲学はあらゆる学問に関係しています。これだけ諸科学が細分化し、それらのもたらす情報が膨大なものになったとはいっても、それでもなお、哲学は、諸科学に共通するものを通観して、それを一つの世界像にもたらす役割を失ってはいません。諸科学が総合化の方向に向かっている現在、その流れの中から一つの世界観を構築していくことは、哲学に課せられた重要な課題です。人文、社会、自然の諸科学の最後の基盤には、なお哲学が必要です。

もちろん、一口で諸科学の総合と言っても、言うことは容易ですが、実際に実行することは容易ではありません。しかし、それでもなお、哲学には、昔から、諸学問を統一して共通の世界観を構築するという役割があったのです。この本来哲学に課された役割を忘れることなく、例えば、今日諸科学の共通項になりつつある〈情報〉〈環境〉〈生命〉などについて深く考察を重ねていけば、哲学は、その本来果たすべき役割を、一部ではあっても果たすことができるでしょう。

自己と世界、そして両者の関係を理解しようとする人間の知的営みは、人間が無自覚の世界に埋没したあり方から離脱し、世界を自己の外なるものとして自覚し、自己自身を世界の外なるものとして自覚したときから始まりました。この世界の破れとその自覚は、何よりもまず、世界と自己の内奥への驚きの感情として現われます。それが、自己と世界を理解しようとする人間の知的営みを引き起こす原動力となります。あらゆる学問は、この同じ樹の幹から分岐していきます。哲学が諸学問の統一の役割を背負っているのも、諸学問がそこから生成してくる根源的な驚きや問いに、哲学が絶えず身を置いているからです。

しかし、果たして、今日のわが国で行なわれている哲学は、このような哲学の本来の役割を果たしていると言えるでしょうか。これからさまざまの学問を追究していこうとする青年たちに、その出発点での驚異の感情を自覚させ、さらに、総合化の方向に向かっている諸科学の流れにそって、共通な世界観を見出す努力をしていると言えるでしょうか。このことができるようになるためには、何よりも、人間が人間として地上に立ったときの原初的な驚異の感情に絶えず身を置くとともに、そのことによって、諸学問の統一の方向を、身をもって探究すること以外にありません。

道化の野蛮性

ところが、今日のわが国の大学の現状を見ますと、なによりもまず、大学の大衆化という現象が見られます。大学進学率の増大とともに、一般に、目的や動機が曖昧なままで、ただ皆が行くから行くというだけの平均人特有の行動様式で大学に入ってくる学生が急増しました。彼らは、学問追究でも全く受動的態度で臨み、問題意識をもたず、自ら追究していく意欲に欠けています。彼らにとっての関心は、多くの場合、短いモラトリアムの期間、いかに人生を謳歌して生きていくかということに向けられています。真剣な関心と言えば、せいぜい成績の可否と就職程度のことです。卒業や就職に有利か不利かというだけで動き、それ以上のものを自分自身で追究しようとは必ずしもしません。

このように、生の謳歌と人生への実利主義的な態度が支配しているところでは、人間と自然の本質に深く思いを馳せ、世界の根源について深く思索しようとする哲学など必要としないように思われます。

もっとも、単なる生の謳歌と人生への実利主義的な態度だけでは、人生に伴う不安は解消しません。何とはなしの不安の解消を保証し、安上がりな救いを約束する新宗教や新新宗教が若者の心を時にとらえたりするのは、そのためでしょう。しかし、これは、ものごとを深く思考するのではなく、手っとり早く思考停止してしまうことにほかなりません。ここでも、持続ある思考を要求する哲学は必要ないように思われます。〈ものごとを深く考える〉〈哲学する〉ということは、どこまでも、事柄に対する最初の驚きの感情を持続し、すでにある知識に対して懐疑を重ねながら、深く思考し続けようとすることでなければなりません。

このような時代に、いくらか哲学らしきものが流行するとすれば、それは、この大衆化した社会に適合した間に合わせの思想だけです。ここでは、単なる世代感覚の代弁に過ぎない思想や、その時々の単なる風潮や流行の代弁にすぎない思想などがもてはやされます。しかし、このような傾向は、プラトンが『ゴルギアス』(463A以下)の中で繰り返し言っていますように、単なる〈迎合〉にすぎません。ただ、大衆の言って欲しそうなことを、気の効いた言葉で言うだけにすぎません。現に、プラトンは、弁論術について次のように言っています。

「いずれも、何が最善かということにはすこしも意を用いず、ただ、そのときそのときにできるだけ快い思いをさせることによって、無知な連中の心をつかみ、彼らをあざむいて、いかにも大したものであるかのごとく思わせているのです。」（464D）

このような傾向がはびこるとき、本来展開されねばならない哲学の営みは、大衆化の大波をこうむって、底無しに引き下げられ低落していきます。勢い、このようなところで演じらる思想は、その時々に流行してはすぐさま廃れていくファッションにすぎなくなります。そこで思想らしきものを語る者は、流行のファッションを身につけて歩いて見せる単なる道化と化してしまいます。哲学者もタレント化してしまうのです。しかし、このような道化の野蛮性が横行するのが、大衆化時代の行き着く先なのです。ここでは、コマーシャリズムの波に乗せられて、おびただしい数の思想がたやすく生産されると同時にたやすく消費され、使い捨てられていきます。

専門化の野蛮性

今日の学問の現状のもう一つの特徴は、従来から言われていることですが、学問の細分化という現象です。確かに、最近では、この細分化の弊害を克服するために、諸科学の総合化の流れが起きています。しかし、それでも、学問の細分化による全体像の喪失という弊害は、今日でもなお根強く残存しています。本来総合の学であり、諸学問の統一を目指さねばならなかった哲学も、また、その例外ではありません。今日、わが国で行なわれている哲学研究は、多くの場合、過去の偉大な哲学者の文献の注釈や解釈、再構成や解説に終始し、それを講じていさえすれば、少なくとも哲学していると思われています。

しかし、このように哲学が専門化し、文献学化して、哲学者が単なる専門家になってしまうとき、哲学の頽落《たいらく》は始まります。過去の哲学者の文献へのこだわりは、それが行き過ぎると、やがて、事柄そのものの追究よりも、文献そのものの追究が重んじられる結果を招いてしまいます。そして、哲学が本来追究しなければならなかった事柄そのものの追究は忘れられていきます。事柄そのものについて自分自身がどのように考えるかということよりも、過去の哲学者がどう考えたかということだけが重んじられるようになってしまうのです。過去の偉大な哲学者自身は、文献研究よりも、何よりも事柄そのものを全人格をかけて追究しようとしたのにです。

ここでは、当の研究者がどう考えるかということは免除され、研究者は、ただ、過去の偉大な哲学者の思想を繰り返すか、再現するか、せいぜい適当に脚色して演奏していればよいことになります。ニーチェ*が『ツァラトゥストラ』(第一部一二)で言っていることですが、これは、他人の創造物なら何でも上手に演ずる俳優の仕事にすぎません。このような俳優的な仕事の中でも、一種の思考停止が起きます。哲学するということは、とりもなおさず、事柄そのものに関してみずから深く考えることにほかなりませんが、この持続ある思考が、文献研究に埋没している間に、知らず知らずのうちに放棄されてしまうのです。ニーチェは、『ツァラトゥストラ』(第二部一六)の中で、このような学者の仕事をクルミ割りにたとえ、労多くして、それでいて獲得できる中身の少ない作業とみ、さらに、あらゆる複雑な縫い方を心得てはいるが、せいぜい靴下ぐらいしか編み出せないような仕事だとみています。彼らは、他人の思想という穀物を細かく砕く術を知ってはいるが、しかし、自分でそれを生み出そうとはしないと、ニーチェは言っているのです。

その結果、度を過ぎた文献への埋没は、過去の哲学者の頭でしか考えられない研究者を大量に生産することになり、本来の創造的哲学の生まれくる場を奪ってしまいます。哲学が単なる文献学に堕し、単なる哲学史研究に終始してしまうとき、哲学の創造性は失われます。哲学が細かな文献解釈に終始し、もはや大きな世界観や人間観を提出しえなくなるからです。実際、第二次大戦後のわが国では、哲学が大きな世界観や人間観の提出を怠っているうちに、逆に、経験科学の方法を駆使した社会学や心理学や人類学から、新しい世界観や人間観が提出されてきた傾向は否定できません。社会学や心理学や人類学が、哲学の代理を果たしたのです。これは、哲学の怠慢だったと言わねばなりません。オルテガ*は、『大衆の反逆』（第一部一二）の中で、現代の科学者が自己の専門分野のことについてはよく知っているが、他のことについては知らないことをむしろ美徳とすることによって、専門化の野蛮性に陥ってしまう危険性を指摘しています。ところが、本来は総合の学であったはずの哲学までもが、この野蛮性に埋没してしまったのです。

無知に帰れ

大衆化と専門化という現代社会の大波から、哲学も逃れられてはいません。一方では、大衆化の波に呑《の》まれ、哲学がファッション化するとともに、他方では、専門分化の弊害に陥り、哲学が単なる文献学に堕して、世界の全体像が見失われてきています。今日の哲学に最も必要なことは、この道化の野蛮性と専門化の野蛮性という二つの堕落方向を克服することです。そして、哲学がそこから始まり、過去の偉大な哲学者もそこから出発した事柄そのものへの驚きの感情へと帰り、そこからもう一度、自分の思索を始めるのでなければなりません。つまり、真に哲学するのでなければなりません。デカルトにしても、ニーチェにしても、当時の学校哲学や文献学への懐疑から、自己の哲学を始めたのです。

今日の哲学が陥っている二つの頽落傾向を克服するためには、何よりも哲学研究者自身が哲学の出発点に帰って、みずから哲学する必要があります。みずから哲学する哲学者が少なくなったことこそ、哲学の存在理由を危うくするものではないでしょうか。哲学することは、時代や社会から全く超絶したことではなく、時代や社会の中で哲学者自身が生きているということと深く結びついています。もちろん、単なる時代迎合になってしまってはいけませんが、時代や社会との緊張関係を保ちながら、真に哲学することはなされねばならないことだと思います。

歴史があまりにも長くなりすぎ、過去の人々の考えをあまりにも多く知りすぎたことは、かえって、哲学がそこから出発した人間の本来的無知を忘却させてしまいます。ニーチェが、『生に対する歴史の利害について』(一〜三)の中で、骨董学的な歴史探究がかえって生命ある創造性を失わせてしまうことを指摘し、逆に、過去の〈忘却〉を奨励しさえしたのは、このことを自覚してのことだったのでしょう。

人間はなお事柄の本質についてはよく知っていないということ、つまり、本来的無知の状態に帰って、そこから再び知恵を求めていくのでなければなりません。ソクラテスは、とりもなおさず、このことを指示していました。よくいわれますように、哲学は哲学すること以外にありえません。わたしたちは、過去の偉大な哲学者の思想をも踏み台にして、事柄への新鮮な驚きの感情に立ち帰り、自分で考え懐疑し、世界と人間の根源的真理について深く思索するのでなければなりません。

輸入哲学からの脱却

しかし、もう一つ、わが国独自の問題が残されています。わが国では、明治以来、西洋化の流れとともに、哲学でも、西洋哲学が主流を占めたために、哲学は、一般に、西洋哲学の翻訳や解説、解釈に終始してきた面は見逃すことはできません。もちろん、その間、西洋哲学の論理や方法を深く会得しながら、独自の哲学を打ち立てたすぐれた哲学者が出てこなかったわけではありません。しかし、それでもなお、一般に、わが国の大学で講じられてきた哲学が西洋哲学の輸入に堕していた傾向は否定できません。

わが国の大学で哲学を講じてきた研究者は、大概、西洋の偉大な哲学者を一人か二人専攻し、その思想の解説や普及、解釈や再構成をしていれば、ひとかどの哲学者でもあるかのように、その地位を保つことができました。わたしどもが、一応哲学している形をとれているのは、自分が専門とする西洋の特定の哲学者のことを知り、その思想を解説しているからです。ちょうど太陽の光でようやく輝く月のように、わたしどもは、自分の専攻する西洋の偉大な哲学者に仮託し、ようやく哲学しているかのような恰好をとることができたのです。

このように、単なる輸入哲学にすぎなかったという点こそ、一時期の例外を除いて、一般に明治以来の病弊でもありました。ここでも、西洋の哲学者の思想の解説や解釈に急なあまり、哲学本来の出発点である事柄そのものへの驚きや知識に対する懐疑は忘れられ、自分で哲学するということはなおざりにされる傾向にありました。

それればかりか、わが国の知的大衆は、次々と輸入されてくる欧米の哲学者のその時々の思想を頭に戴いていれば、安心もしました。そして、このような傾向が行き過ぎると、わが国の思想界は、まるで最新のパリモードを追いかけるファッション界のように、次から次へと登場してくる欧米の思想の新しい流行を追いかけることに血眼になるというような浮ついた傾向さえ示したのです。『構造と力』がベストセラーになったころから始まったと思われる二十世紀末のわが国でのポストモダニズムの風潮も、つまるところ、今まで何度も繰り返されてきた西洋の流行思想の輸入にすぎなかったようにも思われます。しかも、それは単なる流行にすぎませんから、意外と早めに飽きられもし、廃れてもいきます。それなのに、また、飽きもせず、次の西洋の新しい流行思想を輸入してきたのが、わが国の明治以来の思想界の風潮ではなかったでしょうか。

夏目漱石は、すでに、明治の段階で、この日本人の皮相さを見抜いていました。彼は、明治四四年に行なった講演「現代日本の開化」の中で、まず、日本人が西洋文化を追うのに急なあまり、自己本位の能力を失ってしまったことを指摘しています。そして、次から次へと押し寄せてくる西洋文化の波は、まるで、食膳に向かって皿の数を味わい尽くすどころか、どんな御馳走が出たかはっきりと目に映じない前に、もう膳を引いて新しいのを並べられるようなものだと述べ、このような風潮の影響を受ける国民は、どこかに空虚と不満と不安を懐かなければならないと言っています。このように、次々と西洋からやってくる新曲の楽譜を演奏し、これを鑑賞しているだけでよいところでは、もちろん、自分で作曲する必要はありませんから、いくつかの例外を除いて、当然、創造的なものは出てこなかったと言わねばなりません。

なるほど、わが国では、古代の昔から、いつも、世界観や人間観など思想のパラダイムは、儒教にしても、仏教にしても、中国や朝鮮など海外からやって来ました。しかし、かっての日本人は、それらを絶えずわがものとし、自家薬籠中のものにして、そこからまた独創的な思想を生み出してもきたのです。この点では、ヨーロッパも同じことであり、古代のギリシアやローマの文化、さらにキリスト教の精神やイスラムの影響を受け入れて、それを自分のものにするとともに、そこから独創的な思想を生み出してきました。

ところが、わが国の場合、明治以後の西洋化が始まってからというもの、文化は常に借物文化で済まされ、外からやってくる思想を自分のものにして独自のものを生み出すという動きが、時代が降《くだ》れば降るほど少なくなっていったように思われます。

わが国の場合、このような輸入哲学的あり方からも脱却しなければなりません。そして、西洋由来の論理や思考法を踏まえながらも、なお、独自にものを創造していかねばなりません。それは、また、哲学の出発点である事柄への驚きとあらゆる知識への懐疑に立ち帰り、主体的に、世界と人間の根源的真理について思索することによってのみできることなのです。

I

現代について——欲望の体制

1　欲望のモニュメント

高層ビルと塔

今日《こんにち》、大都会では、おびただしい数の高層建築が、あたかも巨大な生きものででもあるかのように、互いに高さを競い合いながら林立しているのが目につきます。しかも、それらは、無限に増大する現代の欲望に押し上げられてでもいるかのように、ますます高くひしめきあって伸びていきます。それは、現代の欲望の限りない膨張の象徴なのです。

高層ビル、これは、現代という〈欲望の氾濫の時代〉のモニュメントなのです。現代文明のもとで、現代人は、いわば欲望の塊と化してしまいました。そのような現代人が、自分達の精神なき記念碑として、あの巨大な高層ビルを建てたのです。もしも、そうでなかったなら、あのような奇怪なコンクリートの塊を積み上げつづけることはできなかったでしょう。

なるほど、それは地上に建てられてはいますが、しかし、大地にしっかり根を下ろしているようには見えません。積み上げられた積み木のように、今にも崩れ落ちはしないかと思われるほど、それは不安定です。それは、また、広大な大空に向かって屹立してはいますが、しかし、天上に憧れて建てられているようには思われません。むしろ、それは、天上に向けて打ち立てられたミサイル基地のようです。高層ビル、この欲望のモニュメントは、天にも地にも馴染むことはありません。それは、大地に背き、天を欺き、大自然に反逆する得体の知れない怪物のようです。現代人は、この巨大な現代のモニュメントの内や外に、白蟻のように群がり集まって、自分達の無限の欲望追求の生活を営んでいるのです。

確かに、かつての時代にも、人々は自分達のモニュメントを建ててきました。大寺院や神殿や墳墓、これらはかつての時代のモニュメントです。しかし、それらは、明らかに、現代のモニュメントとは異なっています。人々にそれらを建てさせたのは、永遠なる救済への願望や神々への畏敬の念、または死への畏怖や不死への希望の念であって、決して、単なる欲望が建てさせたのではなかったでしょう。それらは、どこまでも精神の生み出したものなのです。大寺院や神殿や墳墓、それらは〈精神の生きていた時代〉のモニュメントであり、したがって、永遠なるものの象徴なのです。

ところが、現代の高層ビル、この現代のモニュメントには、どれほどの精神の痕跡も認められません。そこには、もはや、永遠なるものも根源的なものも宿ってはいません。人々にそれらを建てさせたのは、永遠なる救済への願望や神々への畏敬の念や死への畏怖の念なのではありません。逆に、人々の欲望の無限充足への渇望が、そして、ただそれだけが、あの巨大な高層ビルを建てさせたのです。崇高な精神を見失ってしまった現代人は、コンクリートという欲望の塊のみを積み上げ、あの醜怪な欲望の塔を築き上げたかのようにみえます。

人間、このいつも天を見上げるものは、昔から今日に至るまで、幾度もいや高き塔を建ててきました。しかし、かっての時代の塔は、天上の神々への尊崇を表現する精神のモニュメントであったのに対し、今日の時代の塔は、天上の神々を欺き、それに反逆しようとする欲望のモニュメントなのです。

かつて、バビロンの人々は、神に反抗するために、天にとどくまでの塔を建て、神の怒《いか》りに触れたと、ユダヤの民は言い伝えました。現代人は、現代のバベルの塔を建てたのです。かつてのバベルの塔には、それでもまだ神の怒りが降《くだ》されましたが、現代のバベルの塔は、もはや神々も怒ることさえできないのではないかと思われるほどです。それは、天上の神々を沈黙させてしまうほどに増長したのです。

かつての大寺院の建築は、その様式や形式、塑像や装飾に至るまで、その全体が、まさに全体として、永遠の救済を希求する人々の深い信仰から生み出されたものでした。そこには、信仰に根差さないものは何ひとつとしてないように思われます。それは、精神のモニュメントだったのです。人々は、そのような精神のモニュメントを中心にして、さまざまな生活を営んでいたのです。そこには、精神の秩序があったのです。

それに反して、現代の巨大なコンクリートのビルディングには、もはや、そのような高貴な精神のひとかけらも見当たりません。そこに見出されるものは、ただ、人間の欲望追求の意志だけです。それは、その様式や形式の隅々にまで行き渡っています。

昔の寺院建築などは、有用性の観点だけから眺めれば、ある意味で余分のものばかりだったとも言えます。しかし、この余分のものをもつということこそ、とりもなおさず、精神の本質に由来することなのです。ところが、これに対して、今日の近代建築は、ただ単に有用性の見地だけから造られ、この余分のものを捨象してしまいました。現代の高層建築が徹底して機能性を追求しているのは、そのためです。有用性、これは現代を支配する価値基準です。過度な欲望は、どこまでも自己のためになるもののみを追求していくのでなければ、およそ満足することができなかったかのようです。

かつて遥かな遠い昔から、実に多くの文明が何度も興亡盛衰を繰り返してきました。現代文明もまたそのうちのひとつでしょう。しかし、かつてのどの文明を取り出してきても、それが築き上げた大都市の中心やまわりには、必ずといってよいほど、大きな神殿や寺院が見出されます。人々は、いつも、神々に寄り添いながら生きてきたのです。

ところが、現代の大都市では、そのような大きな神殿や寺院らしきものは、現代における精神の地位を象徴するように、片隅に追いやられているか、追いやられていない場合でも、林立する高層ビルの影に、不釣り合いに肩をすぼめて隠れているだけです。それは、まるで、現代の喧騒からどうにかして身を護ろうとしてうずくまっている人影のようです。それは、なんら現代都市の中心になってはいないのです。それどころか、逆に、現代では、例えば大きな企業が一都市の中心になって、まるで昔の城下町のようなものをつくっているような有様なのです。

一体に、高層ビルの森のような今日の大都会には、およそ秩序というものがありません。ちょうど、現代人の精神状況を表現するかのように、雑多なものが混在しているだけです。このようなことは、いまだかつてなかったことでしょう。今日の大都市の風景は、あたかも神々の見捨てた廃墟のようでさえあります。

現代文明は、以前のどのような文明とも異なっています。それは、いまだかつてこの地上に現われたためしのない奇怪な文明なのです。それは、〈神なき文明〉とでも呼ぶべきでしょうか。たとえ仮にまだ神々が生きていたとしても、少なくとも、これほどまでに神々のないがしろにされた文明はなかったでしょう。

大都会と略奪

高層ビルだけでなく、現代文明の生み出したもので、欲望の自己表現でないものはありません。しかも、それらは、貪欲な盗人のように、周囲のあらゆるものを略奪し、破壊し、駆逐してやむことを知りません。

大都会から這《は》い出ているコンクリートの高速道路は、奇怪な生きものの食指のように、山や川を引き裂いて伸び、おびただしい数の自動車が、まるで餌をみつけた蟻たちのように、忙しく出入りしています。電車も、また、自然攻撃の突撃隊のように、大都会から進撃し、戦果を上げて帰って来ます。また、中生代の怪鳥にも似た飛行機の群は、さながら、自然という外敵を寄せつけまいとして飛び立っていく戦闘部隊のようです。さらに、海を割って出入りする巨大な船舶の汽笛は、海をも支配下に収めた現代文明の鬨《とき》の声のようにさえ聞こえてきます。さらに、また、山々をまたたくまに掘り崩してしまうブルドーザーは、現代文明という欲望の怪物の手足のようです。これら、現代の限りなき欲望を表現するものどもは、このように、外部のあらゆるものを略奪破壊してやむことを知りません。

大都会の内部には、もうすでに略奪され尽くした自然の残骸しか残っていません。ここでは、もはや、人間たちは、自然のうちで自然に寄り添うように集まっているのではありません。逆に、人間たちは、自然を略奪しようと、絶えず虎視眈々として待っている盗賊の群のようです。そして、この欲望の集積地のような大都会は、ちょうど癌細胞が周囲の正常な細胞を駆逐してどこまでも自己増殖していくのと同じように、まわりの山や田畑を蚕食して、ますます郊外へとみずからの支配権を広げて大きくなっていきます。自然が人間の欲望によって侵蝕され、拉致されたのです。しかも、この大都会の影響は、ちょうど癌細胞がまたたくまによその器官に転移していくように、あらゆる地方都市に広がり、これを都会化して、画一的なものにしてやみません。それは、現代の欲望の限りなき増長の表現なのです。

もしも、まだ、現代人がほんとうに自然心を保持しているのなら、これほどまでに、自然が人間によって駆逐されるというようなことはなかったでしょう。精神は自然根源的なものから生い立ってき、自然根源的なものによって育まれてきました。だから、人間精神はみずからの故郷を忘れず、絶えず根源的自然への帰還を希求してきたし、いつも自然との調和を念願してきました。人々がいつも自然の神秘性への畏敬の念をもちつづけてきたのは、そのためです。ところが、永遠根源的なものへの憧憬の念を忘却してしまった現代文明は、それとは反対に、自然を欲望のもとに支配し征服できるものと考えたのです。原水爆の奇怪なきのこ雲は、そのような現代文明の無限の欲望の極限を象徴しているかのようにみえます。

2 欲望の氾濫

欲望の体制

現代人は、いまだかつてなかったような途方もなく巨大な体制を築き上げたのです。ほかでもありません、〈欲望の体制〉を築き上げたのです。これが、現代文明といわれるものの正体なのです。

ここでは、人間のうちの低俗な欲望のみが中心となり、人々は、これのみを支点にして働いています。しかも、この欲望が、人々の内部から越え出て、絶えず外部の世界へと果てしなく広がっていきます。経済や技術のとめどない膨張は、その最も顕著な表現です。秩序ある精神の規制を失った欲望が、まるでひとつの生きもののように、かつての精神の残骸をも餌食にしながら限りなく自己増大し、世界に氾濫したのです。宗教や文化の力が弱まり、そのかわり経済が重視され、社会体制までもが経済概念によって規定されるようになったのは、そのためでしょう。

十九世紀以来、世界史の大きな潮流となってきた〈近代化〉の流れは、この欲望の巨大な体制を地球的規模において築き上げようとしてきた現代人の飽くなき営みでした。現代人は、産業革命によって、それまでの有機的な経済構造を打ちこわし、物資の大量生産と大量消費を可能にする機構をつくりあげ、そのために政治制度を変革し、人民主権による中央集権機構を築き、自由・平等のイデオロギーのもと社会を平均化し、こうして、それまでの有機的秩序を機械的組織に変革してきました。これら〈近代化〉を特徴づけるさまざまな変革は、〈欲望の体制〉をつくりあげていくための手段だったのです。

十九世紀以後の人間は、この〈近代化〉のために、実に多くのものを犠牲にしてきました。なかでも大きかったのは、伝統文化、とりわけ宗教が犠牲にされたことです。わが国でも、西洋の近代文明の受容というしかたで始まったあの明治維新以来の近代化のために、伝統的精神がどれほど破壊されてきたことか、量り知れないものがあります。西洋でも、東洋でも、巨大な〈欲望の体制〉をつくりあげるために、価値ある文化を犠牲にしてきたのです。

それだけでなく、現代人は、この現代文明をつくるために、世界観そのものさえも逆転してきました。ヨーロッパ近代で起きた神中心から人間中心の世界観への逆転は、それを最もよく代表するものです。自然観においても、自然への畏敬の念に根差した旧来の自然観から、自然は人間のための手段にすぎないと考える近代の自然観へと転換してきました。

ここ二百年ほどの間に現代人が築き上げてきたこの巨大な現代文明は、世界的な一様化に向かって、今日もなお膨張しつづけています。確かに、今日のこの巨大な機構は、まるでどこまでも大きくなっていく飢えた怪物のように、膨張に膨張を重ねています。かつてまだ精神の生きていた時代には、さまざまのものがひとつの中心に向かって求心的に秩序づけられていましたが、今日ではそのような求心力が失われ、あらゆるものが絶えず遠心的に拡大膨張していきます。しかも、量的にのみ膨張していくのです。

物資の大量生産と大量消費を可能にする近代の経済機構が、産業革命以来、堰を切った怒濤のように地球規模において膨張しつづけているのは、その最も端的な表現です。そればかりでなく、現代の世界では、社会機構にしても、政治機構にしても、何もかもがひとつの有機的な秩序の中に収まることを拒否して、限りなく膨張していくという傾向を示します。しかも、現代の体制は、癌細胞のように、絶えず膨張していかなければ生きていけないという構造をもっています。そして、癌細胞があらゆる細胞を駆逐してみずから破滅するまでは膨張をやめないように、今日の膨張の体制も、みずからの原理によってみずからが破局を迎えるまでは、ほとんど運命的に果てしなく膨張していきます。近代が〈進歩〉と言い慣わしてきたことは、この無限膨張のことにほかならなかったのです。無際限な量的膨張、これは規制を失った欲望の本質に由来するものであり、欲望の無限氾濫によって成立する現代文明の最大の特徴です。

大衆の氾濫

限りない欲望がとめどなく氾濫して、あらゆる領域を蚕食しながら、内的世界も外的世界もことごとく占拠し、途方もなく巨大な〈欲望の体制〉を形づくったということ、これがとりもなおさず現代文明の本質です。

大衆の氾濫は、この欲望の氾濫の社会的表現です。大地から離反し根無草のようになってしまった今日の大衆は、世俗的な幸福と利益という尺度を唯一の価値基準にして、あらゆる場所に氾濫し、そこを占拠しました。そのために、本来は精神の支配する高貴な領域であったものが大衆の原理によって侵食され、その結果、それは、大衆と同じ世俗的レベルに引き下げられてしまったのです。現代の大衆は、真なるもの、善美なものがあっても、それにみずからを従わせ、それに向かって努力しなければならないという感覚をすでに持ち合わせてはいません。逆に、不躾《ぶしつけ》にも、大衆的心情をもったままで、そこに侵入し、それを自分達の福利に供していきます。〈欲望の体制〉は、そういう大衆をほとんど機械的に大量生産し、この体制のあらゆる部分に進出させ、介入させ、支配させたのです。

〈欲望の体制〉は、そのようにして、大衆に実に多くのものを用意し、約束し、ありあまるほどのものを何不自由なくふんだんに供給しました。そのために、それに慣れきってしまった大衆は、今度は、自分達の欲求が少しでも満たされなかったりすると、あたかも自分達の当然の権利でであるかのように、国家や社会に対して無限の要求を一団となって主張します。現代社会は、そのように、全体に対しては責任をもたず、分配にだけは与ろうとする大衆によって出来上がっているのですから、そのような社会が欲望の過度に肥大化した途方もない社会になるのも、不思議なことではありません。

現代の世界では、〈欲望の体制〉に参与するかぎりにおいてのみ、生存が保証されるにすぎません。個人の生においても、これに参与しない部分、例えば自然の神秘性への感受性とか求道心などは、現代の世界に適合しないために生かされることがなく、どれほどの価値も名誉も与えられていません。一輪の野の百合への感動も、そばを通り過ぎて行く自動車の騒音によってすぐに掻き消されていってしまうようなところに、どうしてすぐれた詩が生まれ生かされる場がありえるでしょうか。

現代を支配しているものは神々でもなく、人間でさえもありません。途方もない現代の怪物、〈欲望の体制〉が世界を支配しているのです。ここでは、人間は、この怪物の単なる細胞にすぎず、その手となり足となり、胃袋となり頭脳となって、これに隷属しています。というより、隷属するかぎりにおいてのみ生きることができるというにすぎないのです。現代社会は有機性を失った機械的な組織社会であって、この組織の歯車に組み込まれなければ、人々は生きていくことができないのです。

現代人は、〈欲望の体制〉に奉仕する奴隷のようです。近代社会は、人間が人間を超えるものを否定し、人間が人間の手で歴史も社会も新しく構築していくことができると考える思想によって成立してきました。しかし、その結果、今日では、逆に、人間はその主人の座を追われ、人間はすでに自分のつくったものによって支配されてしまっています。

この〈欲望の体制〉から逃れることはできません。それはあまりにも巨大になりすぎましたから、単なる個人の力では、もはやとどめることも引き返させることも、どうすることもできません。それは一種の運命であって、この巨大な運命は、人が同意すれば彼を運び、人が同意しなければ彼を強制します。わたしたちは、ここでは、運命という車につながれて否応なしに引きずられていく犬達のようです。それでいて、この運命は自分でもどこへ進んで行くのかも知らずに、ただやみくもに逃走していくだけです。

3 精神なき世界

非世界という世界

現代の世界では、大地にしっかり根を下ろしながら、悠久な自然の恵みに感謝し、いつも天上地下の神々に崇敬の念を払う、そのような精神がすでに忘れられています。逆に、現代人は、大地から離反し、自然を略奪し、神々をないがしろにしながら、限りない欲望追求の生活を送っています。さらに、現代の世界では、そのようなことを助長する外的世界が、すでに動かしえぬ現実となって存在するに至っているということです。〈欲望の体制〉のもとでは、精神が散乱してしまったばかりでなく、逆に、精神なきものが無限に氾濫し、ひとつの〈精神なき世界〉が出来上がってしまっているのです。永遠根源的なものへの憧憬に根差す有機的精神が崩壊し、逆に、永遠ならざるもの、非根源的なもののみを追い求める組織的世界がつくりあげられてしまっているのです。

なるほど、いつの時代でも、人々は欲望追求の生活を営んできました。しかし、かつてまだ精神の生きていた世界では、それを超える確固とした精神の世界が宗教や倫理という形で歴然として存在していました。しかも、どんな放蕩者でも父親によって迎え入れられたように、どんな堕落も、この世界のうちに所を得て秩序づけられていたのです。

ところが、それに対して、現代の世界、この〈精神なき世界〉では、もはや、そのような〈精神なき世界〉に先立つべき確固とした〈精神の世界〉が存在しません。それどころか、逆に、人々の精神に先立って、それを抑圧する〈精神なき世界〉が歴然として存在するに至っているのです。そして、あろうことか、精神あるものが、外部の組織化された〈精神なき世界〉によって排除されるといった有様なのです。〈欲望の体制〉が精神の秩序に取って替ったのです。

この世界にあっては、人々はさまざまの快楽に目を向けており、これら永遠ならざるもの、非根源的なもののみを支点にして動いていいます。しかも、それが、ここでは〈世界〉によって保証されているのです。宗教や文化や倫理が相互に連関することによって世界の枠組みが秩序づけられ、そのうちでさまざまなものが有機的に作動する、そのような〈世界〉が、今日の世界ではすでに崩壊してしまって、人々を囲む場はむしろ一個の〈非世界〉となってしまっています。それぱかりか、現代は、この〈非世界〉が〈世界〉化したのです。〈欲望の体制〉とは、そのような〈非世界という世界〉なのです。

ここでは、〈精神なき世界〉が個人に先立って存在しますから、わたしたちは、初めから、そのような〈精神なき世界〉に動かされて、それが当たり前だと言わんばかりに、人生を営んでいきます。わたしたちは、最初から、何の疑問も懐くことなく、この精神なき場に生かされて生きているのです。

ここでは、人々の魂の城砦を欲望の大群が占拠し、人々は、まるでコンクリート文明の寄生虫のような生活を送っています。人々を取り巻く外的世界も、人々のうちなる内的世界も、すでに希薄化してしまっていますから、そこに、さまざまの刹那的なものが押し寄せてきても不思議ではありません。現代はなにごとにつけ刹那的な時代であって、それは、およそ持続というものを知らない欲望の本質に由来することなのでしょう。高層ビルの谷間を蟻のようにあちこち忙しく行き交っている現代人に、一体それ以上の何ものがあると言えるのでしょうか。現代人は、あたかも非真理の暗い洞窟の中に縛られて、しかも満足しきっている囚人達のようにさえ見えます。

持続なき時代

現代、この〈精神なき世界〉では、人々は真善美の感覚を衰弱させてしまっていますから、かつてのようなすぐれた創造性は失われてしまいます。十九世紀以来、現代人は、坂道をころげ落ちるように頽落してきました。二百年前の人間と比較するとき、今日の人間は、どれほど自己の精神を麻痺させてしまっていることでしょう。芸術にしても、学問にしても、十九世紀から二十世紀は、まだしも危機意識の上に立つというしかたで創造的なものが生み出されましたが、それに対して、現代の創造性の欠如は目を覆うばかりです。現代人は、確かに加速度的に没落してきたのです。

現代は文化的頽落の時代であって、ここでは、ただ無価値な言葉が大量生産され、大量消費されるだけです。今日、創造活動らしきものがあったとしても、それは単に量的な生産活動にすぎず、決して永遠根源的なものに根差したものではありません。それどころか、むしろ、ここでは、永遠なものから遠ざかり離脱することが創造性と見間違えられるといった有様なのです。欠如態から生まれ、すぐに欠如態のうちに消えゆくものが、創造と履きえられるのです。

このようにすべてが消費されるために生産され、永続するもののない持続なき時代にあっては、宗教や哲学は本来のしかたでは不可能になります。宗教や哲学は、本来、生成消滅を繰り返す現実世界を超えて永遠不滅の実在を求め、それでもって、人間存在の根本基盤を希求しようとする精神に根差していました。しかし、現代の世界には、そのような永遠根源的なものを可能にする持続ある精神的場所がありません。だから、今日の世界では、本来の宗教や哲学がそれにふさわしい地位を与えられず、世界の有機的な一部ともなりえていません。なるほど、今日でも宗教や哲学は存在します。しかし、それも、正統なものであれば、現代世界に適合しないために、時代から取り残されてしまっていますし、時代とひとつに共鳴し合っているものがあれば、それ自身、現代の頽落を描いているにすぎないのです。確かに、今でもなお、かつての伝統的な精神に則《のっと》って、それを保持している者もいるでしょう。しかし、今日の世界には、それを生かす秩序がありませんから、それは、かえって時代遅れの骨董化したものとしてしか映りません。

高貴な精神

現代の世界、この〈精神なき世界〉では、高いものと低いものの秩序が水平化され、すべてが混沌の中に一様化され平均化されてしまっています。だから、このような無秩序な世界からは、偉大な精神など生まれてはこないでしょう。

確かに、このようなところでも、高貴な精神はなお存在するかもしれません。しかし、ここには、もはや高貴な精神を生かす秩序ある有機的な場がありません。例えば、今仮に深遠を窮めたひとりの修行者がいたとしても、現代の世界には、修行をして解脱の世界に参ずることが世界の有機的な一部であるような、そのような世界がすでにないのです。むしろ、その精神が純粋であればあるほど、それは、現代の世界からは切り離されてしまいます。偉大なものを生み出すために高貴な精神が時熟しうる時間も空間も、現代の世界にはないのです。

かつてまだ精神の生きていた世界では、永遠なるものと無常なもの、善きものと悪しきもの、聖なるものと俗なるもの、偉大なものと凡庸なもの、高貴なものと低俗なものとは、明確な対照をなして存在していました。そこには、確固とした精神の秩序があったのです。だから、偉大なものや高貴なものは、この有機的な秩序のうちに、それにふさわしい所を得て存在しえました。高貴な精神は、秩序ある世界によって意味づけられ、生かされていたのです。

ところが、現代では、高貴な精神は、すでに〈精神なき世界〉によって阻止されてしまっています。だから、ここでは、高貴な精神は、自己のうちにあったはずのすぐれたものを、陽の目を見ずに死んでいく胎児のように流産してしまいます。例えば、どんなにみずみずしい感受性をもった詩人がいたとしても、否、そうであればなおのこと、彼は現代の精神的散乱によって包囲され、自己の内なるすぐれた創造性を失っていきます。それは、さながら、高貴な精神に対して加えられる〈欲望の体制〉からの圧政のようです。高貴な精神は、この低劣なものの専制支配に抑圧され、まわりの〈精神なき世界〉との絶えざる緊張の中で窒息させられてしまいます。

こうして、高貴な精神の声は、もはやまわりの世界によって受けとめられることはなく、砂漠に水を撒くように、空しく闇の中に消え失せていきます。何を語ってもすでに空しく、すべてが空無化されてしまっているのです。高貴な精神は、かつては、そこからあらゆる創造の生まれる〈充実した無〉の前に立っていたのですが、ここでは、むしろ、そこにすべてが消失していく

〈欠如の無〉に面しているのです。〈欲望の体制〉は、永遠なものも無常なものも、偉大なものも凡庸なものも、高貴なものも低劣なものも、何もかもを一様に呑《の》み込み消費してしまう空無な世界なのです。

どんな天才でも、単に個人の能力だけで生まれてくるわけではありません。天才は、むしろ、時代の力が生み出すものなのです。時代の場に生かされて、はじめて、天才はその能力を発揮することができるのです。

ところが、現代では、天才は、低い方への平均化の流れに巻き込まれて抹殺されてしまいます。ここで支配しているのは平均的大衆であって、しかも、彼らはみずからの価値基準を振り回してやむことを知りませんから、ここには、もはや優れたものと劣ったものという価値の秩序がありません。だから、天才は、それにふさわしい所を得て生かされるということがありません。それどころか、ここでは、逆に、低いものが高いものと見間違われたりしますから、単に時代の振幅に共振しているにすぎない者が、かえって天才と見間違えられたりします。

高貴な精神は孤独です。高貴な精神は、現代というこの精神の強制収容所のような場で、あたかも砂漠を行くさすらい人のように、生かされる場を失って、ほとんど運命的に世界から孤絶します。しかも、意味なき孤独のうちに強制的に逼塞させられます。こうして、高貴な精神は一個の〈単独者〉とならざるをえません。

確かに、現代では、この精神の砂漠の中で世界から孤絶した単独者のみが、かつてまだ精神の生きていた時代の真理を背負っています。ちょうど、空襲の中で子供をしっかりと抱きしめて守ろうとしている母親のように、単独者は、この現代という〈非世界〉にあって、なおもその高貴な精神を護ろうとしているのです。現代の巨大な精神なき体制では、精神は自己の場を失って、ただ極く少数の単独者の魂のうちに隠れ家を求めて避難したかのようです。

しかし、単独者にとって、真理はすでに重荷です。単独者は、この真理の重荷に耐えかねて、時に悲嘆にも似た精神の怒りの炎を発します。そして、みずからの怒りの炎に焼き尽くされ、今にも打ち斃れそうにさえみえます。単独者は、かつて生きていた永遠なものの影を抱いて、精神なき闇のうちに喘ぎながら消え失せていくかのようです。今日の世界も、また、神々に背いた罪を贖うために、人身御供を捧げているのでしょうか。今まで、どれほど多くの高貴な精神が、みずからの破滅をも犠牲にして、この生贄となったことでしょう。

単独者は絶対の矛盾に面しています。単独者は、みずから語ろうとすることを理解する者がもはやいないということを前提にして、みずから語らねばならないのです。理解する者がいるのなら、かえって語る必要はないのです。それは、時代をあまりにも明確に自覚してしまった単独者の悲劇です。

単独者は、こうして永遠に沈黙します。〈沈黙〉、それは単独者にとって最後に残された〈言葉〉です。単独者の沈黙は、精神なき時代の捨て去ったものがいかに大きなものであったかを、その沈黙によって語っています。同時に、また、それは、精神を犠牲にしてつくりあげられた今日の途方もなく巨大な体制、〈欲望の体制〉の行き着く場所をも指し示しているようにさえ思われます。

4 現代文明の行方

文明の消滅点から

現代文明は、精神を犠牲にして、巨大な〈欲望の体制〉を築き上げてきました。一体、現代文明はどこへ行こうとしているのでしょうか。

現代文明は、古代ローマ文明に似ているとよく言われます。確かに、水道や浴場や競技場が完備し、区画整理の行き届いた古代ローマ都市の遺蹟を見てみると、古代ローマ文明は、現代文明と同じように、一種の技術文明であったようにも思われます。とすれば、古代ローマ文明が、この技術文明のもたらす精神的頽廃によって滅んでいったように、現代の文明も、また、これと同じ運命を辿ることもありえないわけではありません。そして、現代人が廃墟と化した古代ローマの遺蹟を見るのと同じように、後々の人々も、また、現代文明の廃墟を眺めるときがくるのかもしれません。現代人が古代ローマの凱旋門を眺めるように、後々の人々が、現代の高層ビル、あの〈欲望のモニュメント〉を眺めるときがくるかもしれません。そして、現代の考古学者がそうするように、この現代文明の遺跡を発掘してみようとするような人々が、再び地上に現われることもあるかもしれません。

しかし、そのとき、果たして、彼らはこの現代文明のありようを正確に理解することができるでしょうか。むやみに入り組んだ道があり、まるで迷路のような地下街があり、途方もなく高い塔や高層ビルがあります。そして、どこにも神殿らしきものが見当たりません。後の時代の人々は、このほとんど錯乱したとしか思えない文明を一体理解できるのでしょうか。もしかしたら、その人々は、再びバベルの塔の物語を語り出すかもしれません。

どんな文明も永遠に続いたことはありません。現代文明も、また、永遠に続くということはないでしょう。実際、遠い昔から、さまざまな文明が栄え滅んできました。現代文明も、そのうちのひとつです。現代文明は、一体どのようなしかたで滅んでいくのでしょうか。

文明の滅亡は、ただ単に気候の変動や外敵の侵入など、外的要因によってのみ起きるとは限りません。人々の精神的堕落というような内的要因によっても起きます。古代ローマ文明は、この内的要因が外的要因を誘発して滅んでいった例です。古代ローマ人たちは、皆こぞって享楽主義に走り、社会に対する義務を忘却したために、結局は外敵の侵入を許すことになり、滅んでいったといわれます。現代の文明も、おそらくは、そういう精神的堕落によって没落するでしょう。

現代文明は欲望の無限氾濫によってつくりだされ、そのことによっておのずと生み出された欲望の肥大化は、文明に対する忘恩となっても現われてきました。全体に対しては責任をもたず、私的な欲求だけを主張してやむことを知らない略奪主義的な大衆を大量に生み出したのです。今日の文明は、ちょうど白蟻によって倒されていく大きな家屋のように、そのような寄生虫的人間によって、次第に衰退していくでしょう。何ごとも、みずからの原理によって滅ぶのです。欲望の氾濫を原理としてきた現代文明も、欲望の氾濫それ自身によって滅ぶでしょう。大洪水を待たずとも、現代文明は欲望の洪水によって滅ぶかも知れません。欲望の洪水は、危機意識からくる叫び声をも呑み込みながら、ひたすら没落の淵に向かっていくのではないでしょうか。

しかし、この没落は、決して嘆くべきことではありません。なぜなら、今日の文明の滅亡なくしては、人間は再び永遠根源的なものに向かって立ち直ることはないからです。生きものに静かな夜の休息が必要なように、今日の文明にも静寂な休息の世界が必要なのです。

大地への帰還

現代文明は大地から離反してきました。しかし、大地から離反してきた現代文明も、かつての文明がそうであったように、同じ大地へと帰還していくことでしょう。現代文明は、この地上に巨大なコンクリート文明の遺蹟を遺して、やがては地の底に埋もれ尽くしていくでしょう。現代人の生み出したもののすべてが、あたかも地平線に沈む夏の日の太陽のようにことごとく力を失って、大地のもとで永遠の眠りに就くときがきます。ちょうど夕暮れ近く疲れた足を家路に運ぶ農夫のように、歴史もまた重荷を背負ってその生まれ故郷に急ぐのです。歴史は生まれたように死し、始めたように終わります。人の一生が大地から生まれ大地に帰るように、現代文明もまた大地から出て大地に帰ります。

しかも、大地は永遠に沈黙しています。人間が大地に逆らってみずからの営みを始めたとき、大地は黙して語らなかったように、人間が疲れ果ててその営みを終えるときも、大地はまた沈黙しています。大地の永遠の沈黙の中では、歴史の生と死はひとつなのです。その沈黙は、さながら、あの孤独な単独者の沈黙から広がり出てきたかのようです。今までの人間の営みは、この沈黙の静けさの前では、水の上に書かれた一片の文字のように空しく見えます。

しかし、大地はなお永遠です。どんなに愚かなことがこの地上で演じられようとも、大地はなお永遠です。

II

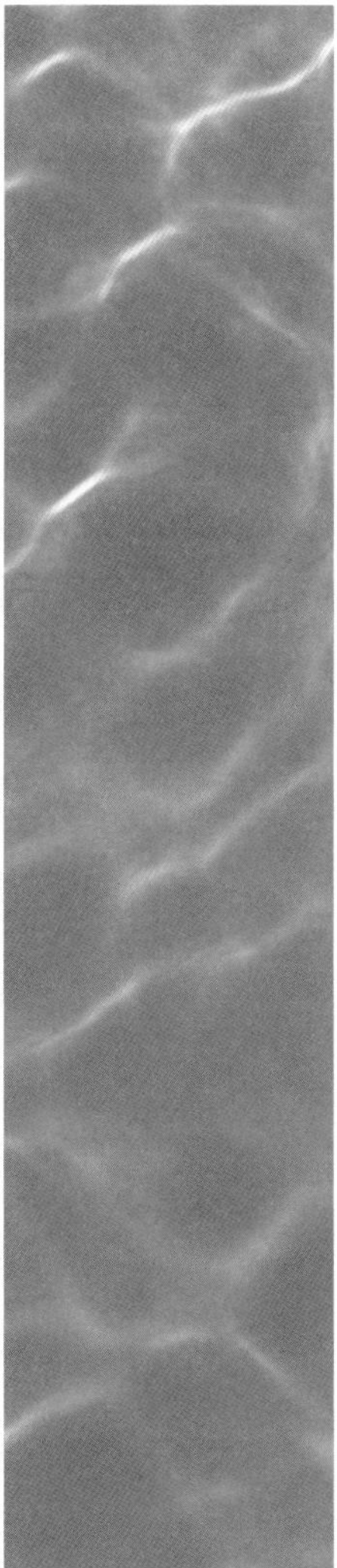

古代について——大地と生命

1 生成

生成の原母

かつて、どの文明でも、その文明が生い立ってきた原初には、ほとんど例外なく、大地を母とし、それを一個の女神として崇拝する信仰がありました。人間が大地に立った当初から、人間にとって、大地は生きとし生けるものを生み出す源泉と観念されました。人間がまだ山野に野獣や木の実を求め、川や海に魚介を捕って生きてきたころから、大地はさまざまな恵みを生み出してくれる源でした。大地は、そこから多種多様な草や木を繁らせ、さらに、そこに多くの動物を棲まわせる土台でもありました。大地は、無限の産出力であり、あらゆる生命とその豊穣の源泉であり、それ自身が無尽蔵な生命体であり、生成そのものでありました。としますと、これが万物を生み養う偉大な母と観念されたのも不思議ではありません。母性の出産能力と、大地の産出力が結合され、大地が多産の女性像によって象徴されたのです。

ヘシオドス*の『神統記』(一一五〜一五二)によれば、古代ギリシアでも、大地は広い胸をもった女神ガイアとして崇拝され、万物の生成の原理、カオスから生まれた最初の神とみられていました。そのため、ガイア自身、万物を生み出す生命の源泉とも考えられました。現に、ガイアは、処女生殖によって、天ウラノスと海ポントスと高い山々を生みます。また、天ウラノスや海ポントスや地底タルタロスとの結婚によって、ティタンやキュクロプスという神々や巨人、海の神や怪物たちを生み続けました。次々に生んでいくこの生成の力こそ、大地の本質です。

さらに、ウラノスがキュクロプスや怪物たちを地底に幽閉してしまったとき、ガイアがその子クロノスの力を借りてこれを助け出そうとしたところには、ガイアの母性原理が働き出ています。また、クロノスが、同様に兄弟のキュクロプスや怪物たちを冥界のタルタロスに閉じ込めたり、さらに、姉レアとの間に生まれた子供たちを次々と呑《の》み込んでしまったときも、ガイアは、レアの生んだ最後の子ゼウスを策略を用いて救い出そうとしています。ここにも、大地の母性原理が働き出ています。また、クロノスとゼウスたちの十年にわたる長い戦争の結果、勝利を収めたゼウスが、同じように父クロノスやティタンたちをタルタロスに幽閉してしまったときも、ガイアはこれをとがめています。これも同じ原理によっています。ガイアが奇蹟の植物を生み、その汁で巨人のギガスたちに不死の命と無敵の力を与え、ゼウスに反旗を翻させようとしたのも、母なる大地の無尽蔵な生成力、無限の産出力、永遠の生命を象徴しています。大地は、生み出すものであり、育むものであり、守るものであり、だから、それは母なるものと観念されたのです。

天と地の結婚

ウラノスとガイアの結婚からさまざまなものが生み出されてきたように、天と地の結婚から万物が生み出されるという観念は、世界の多くの神話に見られます。日本神話のイザナキ・イザナミ二神の島生みの物語は、この天父と地母の聖婚譚の一つです。

イザナキ・イザナミ二神は、天の沼矛《あめのぬぼこ》で下界を掻き回し、矛の先からしたたる海水が積もってできた島、淤能碁呂島《おのごろじま》に天降りして、互に交わって、日本の多くの島々を生みます。さらに、石や土、海や河口、風や木、山や野、最後に火の神など、多くの神々を生みます。イザナミは、また、聖婚によってばかりでなく、火の神を生んで御陰《みほと》が焼かれて病気になってからも、金属や土器、水や生産に関する神々を生み続けます。それに対して、イザナキは、火の神を切った剣から日や雷の神を生み、さらに黄泉《よみ》の国から帰って禊《みそぎ》をし、日神や月神など天空にかかわる多くの神々を生んでいます。イザナキは父なる天の神、天父神であり、イザナミは、無尽蔵に万物を生み出す生成の原母であり、母なる大地の女神、地母神でした。

古代インドの最古の聖なる讃歌を集めた聖典、『リグ・ヴェーダ』(一・一六〇)に出てくるディヤウスとプリティヴィーも、通常、ディヤーヴァープリティヴィー(天地二神)と両数の形で表現されますように、インドの多くの神々の父母です。ディヤウスは天や日を表わし、多くの神々の父と言われ、牡牛によって象徴されます。プリティヴィーは大地を表わし、神々の母であり、牝牛によって象徴されます。両神とも老いることなく、常に美しく、一切の存在の親としてあらゆるものを保護し、豊富な栄養を生み、限りない恩恵を与えます。プリティヴィーに捧げられた讃歌(五・八四)でも、大地女神プリティヴィーは、山々を担い、樹木を支え、豊穣をもたらすものとして讃えられています。
古代ギリシアのクロノスとレア、ゼウスとヘラの結婚による諸神の誕生という物語も、ウラノスとガイアの天地二神の聖婚譚を原型として出てきた物語であり、その模倣と反復と考えられます。レアもヘラも、もとは地母神でした。なかでも、レアはクレタの太女神であり、エーゲ海の宇宙の母でもありました。

天父と地母の聖婚による万物の生成という観念は、世界中の至るところで、文明の発生期には見られる観念です。この原初的観念には、万物が生成してくるには、天地が分離する以前の宇宙の偉大な力が必要だという想念がありました。それを、古代の人々は、天なる男神と地なる女神の結婚という観念で象徴したのです。人間の男女や動物の雌雄の結合による生殖という行為も、この天父と地母の聖婚による万物の生成という原型を模倣するものだと考えられました。

太古、人間が大自然の中で暮していたころ、天から日光が射し込み、雨が降ると、草木は芽を出し、生長し生い茂り、虫たちは蠢《うごめ》き、獣《けもの》が駆け巡り、人間に豊富な恵みを与えました。大地は、これらさまざまな生き物を生み出す源泉であり、母胎と考えられました。ただ、大地がそれらを無尽蔵に生み出すにも、天からの光や雨を必要としました。それが、天父と地母の聖婚という観念によって象徴されたのです。実際、天からの雨は、地母を受胎させる天父の精液とも考えられていました。

太古の人々にとって、大地は、何よりも、そこからあらゆる生命体の生成してくる場であり、そこに万物が根を下ろす土台であり、そこを通して宇宙の無限の生命力が無尽蔵に発現してくる源泉でした。それは、あらゆる生き物の生死を超えた永遠性をもっていました。この永遠の生きた大地が、神として、しかも、偉大な母神として崇拝されたのです。人間はこの大地にしっかり根を下ろし、この大地を通して宇宙の根源的生命につながっていました。

太古の人々が大地を通して予感していたこの宇宙の根源的生命力こそ、精神と物質の一つになるところであり、そこから精神と物質が分かれ出てくる根源です。ですから、精神と物質は全く別々のものではなく、わたしたちの身体がそうであるように、精神の中にこそ物質があり、物質の中にこそ精神があるのでなければなりません。物質も決して死んだものではなく、生きたものであり、この中に魂と生命力を宿しているものと考えなければなりません。太古の人間は、生命の源泉としての母なる大地を通して、このことを把握していました。

2 豊穣

狩猟時代の豊穣神

大地が、植物や動物や人間など生きとし生けるものの産みの母であり、生成そのものの原母であるという信仰は、人類の歴史の中でも最も古い層に属し、すでに旧石器時代に始まります。旧石器時代後期の遺物として出土する裸体の女神像は、母なる大地の神、地母神を表わすものでしょう。それが、新石器時代になりますと、野や山の木の実や動物、川や海の魚介を恵む豊穣の女神として崇拝されるようになります。世界中に見られる新石器時代の大きなお尻とお腹をした女性の土偶は、そのような多産と豊穣を約束する女神でした。さらに、穀物の栽培が始まり、農業が開始されるに及んで、この豊穣女神への崇拝は一層盛んになります。母なる大地の神は、すべてのものを生み出す生成の原母であるばかりでなく、特に、穀物を育て稔らせ、豊かな収穫を約束する豊穣神となっていきます。この豊穣神としての地母神の祭祀は農耕文化の発展と併行して大きくなり、それとともに、さまざまの地母神の生活史が神話として語られるようになります。

山野を駆け巡り狩りを楽しむ古代ギリシアのアルテミスは、狩猟時代の面影を残す大地女神でありました。大地は、草や木を生長させる産出力の源泉であるばかりでなく、山野を跋渉《ばっしょう》する動物たちを豊富に生み出す原母としても観念されました。アルテミスが野生の動物の守護神とされたのはそのためです。エペソスで崇拝された多くの乳房をもつ女神像がアルテミス像と考えられたのも、アルテミスがもと古代ギリシアの先住民の地母神であり、動物や人間の多産と出産を擁護する神であると考えられていたからでしょう。

しかし、また、アルテミスは、狩猟と弓術を司る女神でもあり、お供の精霊、ニンフたちを連れて狩りを楽しんだといわれます。野生動物の守護神が野生動物を殺す神になっているのは、一見矛盾する観念のようにも思われますが、必ずしも矛盾しているわけではありません。多くの野生の動物を産出する大地神は、だからこそ、多くの動物の生贄を要求すると想像されたのでしょう。アルテミスは、これらの生贄を得ることによって、狩猟の豊穣や戦闘の成功を約束したのです。

アルテミスは、古代ギリシアでは、若き処女神と考えられ、純潔を守る女神とされていました。そのため、その職掌を侵害する者を厳しく罰する極めて残忍な面をも持ち合わせていました。巨人のティテュオスが母のレトを犯そうとしたとき、アルテミスは弟のアポロンと協力してティテュオスを弓で射殺し、地獄のタルタロスへ落として、禿鷹に肝臓を食わせる永遠の罰を与えました。また、二人しか子をもたない母レトを侮《あなど》った子沢山のニオベを罰するために、アポロンと一緒に、ニオベの子供たちのほとんどを弓で射殺しました。また、アルテミスの沐浴する姿を見たアクタイオンは、鹿に姿を変えられ、彼の猟犬の餌食となってしまったといわれます。このようなアルテミスの物語は、アルテミスが狩猟時代の地母神であったことから想像されたのでしょう。

もとは小アジアのプリュギアの女神だったキュベレも、アルテミスと同じく、狩猟時代の面影を残す地母神です。キュベレは、子供たちと野生動物の守護者であり、ギリシアでは神々の母レアと同一視され、母なる大地を象徴しました。

ゼウスの精液から生まれた両性具有の不思議な生き物に驚いた神々は、その男根を切除しましたが、その生き物が生長してキュベレ女神となりました。切除された男根の方は地に落ちてアーモンドの木となり、その実の一粒がサンガリオス河神の娘ナナの胎内に入り、男子アッティスが生まれます。アッティスはすぐに山中に捨てられましたが、不思議にも牡山羊が乳を与え、美青年に成長しました。キュベレは彼に恋しました。大地女神キュベレは、その繁殖力と産出力を維持するには、自分のもとの片割れである若い愛人を必要としたのです。

しかし、狩猟時代の大地女神は、アルテミスがそうだったように、極めて残酷な面をもっていました。現に、キュベレに冷淡だったアッティスは、彼女の激しい嫉妬によって発狂させられ、自分で去勢し死なねばなりませんでした。アッティスは、キュベレ女神への生贄とされたのです。しかし、キュベレは自分の残酷さを悔い、アッティスの死体を決して腐らせないという約束をゼウスから取り付けました。葬られたアッティスの小指は動き続け、髪は伸び続けたといいます。

ギリシアでは怪物扱いを受けているメドゥサも、もとは異国の地母神でした。彼女は、顔は美しかったが、頬は死人のように青ざめ、額には苦痛の皺《しわ》を刻み、唇は蛇のように薄く毒々しく、髪の毛は一本一本毒蛇の姿になって、こめかみのあたりにとぐろを巻きながら、ひらひらと枝の出た舌を吐いていました。メドゥサは多くの怪物の母親でもありました。その目によって見られると、だれもが石に化してしまわねばならなかったといいます。ペルセウスは、長旅の末、このメドゥサの首を切って持ち帰り、アテナ女神に捧げ、悪玉を滅ぼしたといわれます。

メドゥサは、ギリシアではゴルゴン（怪物）のひとりに数えられていますが、もとはリビュアのアマゾン女人族の太女神であり、あらゆる神々の母でありました。メドゥサの髪の毛が一本一本蛇の形をしているのも、強力な生命力と産出力を表わしています。蛇を伴う女神の像は、メドゥサばかりでなく、古代以来世界各地に伝えられていますが、この蛇は男根の象徴でもあり、水の象徴でもありました。それは、大地女神を妊ませる霊力をもったものと考えられていたのです。

農耕時代の豊穣神

母なる大地への信仰は、農耕社会の登場とともに、麦や米その他の穀物を豊かに稔らせてくれる豊穣女神への崇拝という形をとって、より盛んになります。特に、穀物の栽培が始まると、その栽培に携わった女性の力が大きくなり、母なる大地への信仰は、この強まった母性の力を反映するようになります。女性のもつ産出力と養育力が大地の生産力の観念と結びつくのです。こうして、母なる大地は、偉大な産出の霊力をもつ母神として、盛んに崇拝されるようになります。大地は母であり、命を与えるものだったのです。

古代バビロニアのイシュタルの物語も、この豊穣女神の物語です。もっとも、イシュタルは、天の女王といわれていますから、それ自身が直接母なる大地の神とは必ずしも言えないかもしれません。しかし、このイシュタルのさまざまな職掌を考えれば、もとは母なる大地の神、地母神だったのでしょう。もともと、イシュタルは、バビロニア人によって、この世界と人間をつくった母神として崇拝されていました。『イシュタル讃歌』でも、彼女は、すべての人間の生命を形づくった荘厳な世界の女王と讃えられています。

イシュタルは、また、次々に愛人をつくっては捨てていく極めて多淫な女神とされています。

その愛人の中でも、農業の神タンムーズは最も有名な神で、おそらくイシュタルの分身とみてよいでしょう。現に、タンムーズは、人間どもに作物を作り、果物を栽培することを教えました。彼は、一年のある期間を、この地上に牧神や農業の神として生活し、愛人として、イシュタルの限りない寵愛を受けています。その期間は、人間が飼育する羊は増え、耕作する麦は豊富に稔るといいます。イシュタルは、また、病気を治す神でもあり、瀕死の病人を生き長らえさせ、病を癒す神としても讃えられています。

古代エジプトの太女神イシスも、地母神から発展した豊穣神のひとりです。冬になり、草や木が枯れ萎《しぼ》んでいっても、春になれば、大地は、再び草や穀物の芽を出させ、それらを育てあげる生命力をもっています。それと同じように、古代エジプトのイシスも、古代バビロニアのイシュタルと同じように、病人を治し、不死の命を与え、死者を復活させる生命力を備えたものと考えられました。イシスのイメージには、そのような生命力の根源としての母なる大地のイメージが重なっています。

テーベの町に来降したイシスは、病人を癒し、子供を慰撫し、夫のオシリスは、人民に農耕技術を教え、収穫を増やす工夫をしました。その後、オシリスはエジプトの国王となりましたが、弟セトの策略で黒檀の箱の中へ閉じ込められ、ナイル川に捨てられてしまいました。愛する夫を失ったイシスは、夫の柩《ひつぎ》を探し出すために、ナイル川の岸をあてどもなく放浪しました。その漂泊の旅の中で、オシリスの柩がビブロスの王宮の柱になっていることを知ります。ビブロスの王宮に着いたイシスは、王子の病気を見る間《ま》に治し、王子の乳母となりました。そして、王子に不死の命を与えようとして火の上に乗せましたが、妃が驚いて王子を助け出してしまったために、その子は普通の人間以上には生きられなくなってしまったといわれます。その後、柱の中の柩を得たイシスは、夫の遺骸を守りながらエジプトに帰りましたが、セトの探索が厳しく、イシスと夫の忘れ形見ホルスは、再び全国を彷徨《ほうこう》しなければなりませんでした。その間に、オシリスの死骸は無残にも切り刻まれて、ナイル川へ投げ捨てられてしまっていました。イシスは、ホルスを抱えながら、幾年の辛苦の末、エジプト全国からバラバラの遺骸の部分部分を集めて回りました。ところが、男根だけは見つかりませんでした。イシスは、オシリスの男根を粘土で作り、完全なものに復元し、ミイラにしました。こうして、オシリスは、この世界ではなく、地下の世界、つまり冥界の王として復活したのです。

イシスはもと、〈席〉または〈玉座〉を意味し、エジプトの王は、このイシスの膝に座ることによって王権を獲得しました。つまり、エジプトでは、大地の上に座り、大地に抱かれることが王権の条件だったのです。それによって、王は、大地の豊穣を約束する霊力を身につけることができたのです。

この母なる大地の女神イシスの崇拝は、その後地中海全域に広がり、紀元前後からは、古代ローマ世界に広範に広まりました。四世紀には、キリスト教によって追放されましたが、このイシス崇拝は形を変え、聖母マリア崇拝となってキリスト教の中に吸収されていきました。イシスがわが子のホルスに授乳する姿を描いた肖像は、聖母マリアと幼児イエスの肖像の原型となりました。聖母マリアが幼児イエスを連れてエジプトを彷徨し、さまざまの出来事に遭遇したという聖書外伝の記録は、イシスとホルスの漂泊譚を元にしています。マリアとイエス、イシスとホルスばかりでなく、各地に伝わる母子像は、人間が大地の子であり、大地に依存する無力な幼児であることを象徴しています。

古代ギリシアのデメテルも、地母神から発展した豊穣女神でした。デメテル（demeter）という名前自身、母なる大地を意味しており、これは、何よりも、大地の生産力の守護神であり、穀物の豊穣を約束する女神でした。ガイアも無限の生産力を象徴する地母神でしたが、これはより古い大地神の面影を宿しているのに対して、デメテルは、農耕が盛んになってきてからの大地神であり、豊穣神だったのです。

デメテルは、人間の姿をして地上を彷徨し、親切に扱った者には収穫の恩恵を与え、不親切に扱った者には不作の罰を与えました。エレウシスに到着したデメテルは、ケレオス王一家の親切が身に染みて奉公を申し出、生まれて間もない王子デモポンの乳母になりました。デメテルは、彼を不死にしようとして、昼は彼の体に香油を塗り、夜は火中に入れて育てたために、デモポンは急速に成長しました。しかし、これを聞いた王妃メタネイラは、恐ろしさのあまり悲鳴をあげました。デメテルは腹を立て、子供を床に投げつけたといいます。この話は、古代エジプトのイシスの物語からの流れです。

こうして、デメテルは神としての本性を現わし、エレウシスの地に彼女を祀る神殿を建てることをケレオス王に命じ、秘儀を行なう方法を教えました。また、デメテルは、世界に豊穣の恵みを与えるために、彼女の恵みである穀物の穂をトリプトレモスに与え、これを人間に伝達させました。このトリプトレモスが旅を終えてエレウシスに帰ってきたとき、王位をトリプトレモスに譲るようケレオスに命じたのも、デメテルだったといいます。少年トリプトレモスが豊穣を約束する王となりえたのも、母なる大地の力によってであったことになります。小麦の種を分け与えているトリプトレモスの乗る車が竜と蛇によって動かされているのは、そのためです。竜と蛇は大地の霊力の象徴でした。

トリプトレモスに農業技術を伝えたことからも分かりますように、デメテルは農耕時代の豊穣女神でした。古代のギリシア人たちは、この女神の機嫌・不機嫌によって、大地の肥沃や不毛が支配され、穀物の豊作・不作が決定されると信じました。彼らは、年ごとに訪れる穀物の作・不作に、大地の活力の消長を感じていたのです。だから、彼らは、この大地女神の機嫌をよくするために、さまざまの儀礼を行ないました。エレウシスの祭りは、その最も大きなものでした。

スコットランドの夏の王アングスの妃ブライドも、豊穣女神のひとりでした。彼らは、多くの人々から、豊穣で幸福な日をもたらす神として敬愛されていました。美しく若いブライド姫は、冬の間、冬の女王ベーラの虜《とりこ》になっていました。しかし、春が近づくと、夏の王アングスの季節がやってきます。ブライド姫は、夢でアングスが助けに来てくれることを知り、嬉しさに思わず一滴の涙を落とすと、その場所に一本のスミレが咲き出たといいます。それから間もなく、ブライドと白馬にまたがったアングスが出会い、やがて森の中から仙女の群れが出てきて、二人を祝福しました。仙女の女王が杖を振ると、今までのブライドの貧しい身なりは美しい着物に変わり、彼女の金髪には美しい春の花が飾られ、右手には金の穀物の絡んだ白い杖を持ち、左手には豊穣の角笛と呼ばれる金の角笛を持っていました。二人が仙女の宮殿から出て、アングスが呪文を唱え、ブライドが手を振ると、にわかに草は生長しました。人々は、この王と王妃を誉め讃え、ものみな芽吹き生長する春がやってきたことを知りました。そして、この春の最初の日をブライドの日と呼びました。地上には太陽が輝き、花が咲き始め、穀物の種は蒔《ま》かれ、人々はブライドに豊作を祈りました。

アイルランドのケルト族の伝えた神話に出てくる神々のうちでも、例えば、ダーナ女神やエスニャ女神は、豊穣を約束する母なる大地の神でした。ダーナ女神は、アイルランドのあらゆる神の母と呼ばれています。このダーナ女神を母とする神族は、光と知識の力の具現者と考えられ、地上を豊穣にし繁殖させるという観念と結びついて、広く信仰されていました。エスニャ女神も、ダーナ一族の娘であり、人間たちに激しい情熱を吹き込む愛の神であると同時に、豊穣を約束する大地神でもありました。エスニャは、その息子ゲラルド伯を産むとき、たった一夜のうちに丘に豌豆《えんどう》をすっかり植えつけてしまったといいます。その丘は、〈エスニャの丘〉として、マンスターのグル湖の付近に今日も伝えられています。

古代インドの天父神ディヤウスと一対で呼ばれる大地母神プリティヴィーも、もちろん豊穣女神という資格を得ています。プリトゥ王が国を治めているとき、恐ろしい飢饉が起こり、地上の人々は困窮してしまいました。プリトゥは、プリティヴィーを追い詰めて、収穫を生み出させようとします。プリティヴィーは、破壊させてしまった穀物や野菜を彼女のミルクによって蘇生させることを約束しました。そのため、今人々が食べている穀物や野菜が生まれたのだといいます。

穀物の母

デメテルがトリプトレモスに穀物の種を与えたといわれますように、また、プリティヴィーが人間世界に穀物を広めたといわれますように、豊穣の大地女神は、また、穀物の母の役割をも果たします。わが国のオオゲツヒメやウケモチ、カムムスヒの神などは、そのような穀物の母という形をとった豊穣女神です。例えば、穀物の起源を語っているオオゲツヒメの物語は、大地の生産力への信頼を語ってあますところがありません。

下界へ降《くだ》ってきたスサノオに食物を求められたオオゲツヒメは、鼻や口や尻からいろいろな物を出し、料理をして差し出します。その仕業を覗いたスサノオは、汚いことをして食べさせると思い、ヒメを殺してしまいます。殺されたオオゲツヒメの屍体の頭から蚕が、目から稲種が、耳から粟が、鼻から小豆《あずき》が、陰部から麦が、尻から大豆が生まれてきました。これをカムムスヒの御祖《みおや》の命《みこと》が取って種としたといいます。

この穀物の起源を物語るよく知られた死体化生《けしょう》説話は、人間と大自然の関係をよく物語っています。スサノオから求められれば、それに応じて、次々と食物を無尽蔵に出してくるオオゲツヒメは、人間にさまざまな生きる糧を与えてくれる大地の恵みを象徴しています。オオゲツヒメも、もとは母なる大地の神だったのです。このオオゲツヒメがスサノオに殺されるという話は、人間が農耕を覚え、多くの穀物から豊かな食糧を得られるのは、大地の犠牲と恩恵あってのことだということを象徴するものでしょう。この恵み豊かな大地への敬慕の念が、オオゲツヒメの死体化生説話には語られています。

ウケモチ神の物語も、同じ穀物の起源を語った死体化生説話であり、同じような思想を表現しています。地上に降り立ったツクヨミがウケモチのもとに着くと、ウケモチは、首を巡らして、口から、国の方に向かって飯を出し、海に向かって鰭《はた》の広もの・鰭の狭《さ》もの（大小の漁獲物）を出し、山に向かっては毛の麁《あら》もの・毛の柔《にこ》もの（粗毛《あらげ》・柔毛《にこげ》の獣）を出し、そのくさぐさのものをすべて供えて御馳走しました。ツクヨミは怒って、剣を抜いてウケモチを打ち殺してしまいました。その屍体の頭からは牛と馬が化《な》りいで、額からは粟が生まれ、眉の上には蚕が生まれ、目の中には稗《ひえ》が生まれ、腹の中には稲、陰部には麦と大小豆《まめ・あずき》が生まれたといいます。

ウケモチは食べ物を主宰する神であり、やはり生産力の神でありました。オオゲツヒメの物語にしても、ウケモチの物語にしても、そこには、大地の犠牲によって人間は豊かな糧を得ているという思想が語られています。どれも、母なる大地の無限の生産力への畏敬の念を語っています。

母なる大地の犠牲こそ、豊かな収穫や生命の豊穣を約束してくれるものと信じられていたのです。

出雲系の神々とかかわりの深いカムムスヒの神も、万物の生命の母神という性格をもった生産神でした。カムムスヒは、八十神《やそがみ》に殺されたオオアナムヂ（オオクニヌシ）を、その母神の願いで蘇生させています。カムムスヒは、死者を復活・再生させる力をもった生命を司る女神でした。カムムスヒは、また、オオゲツヒメの屍体から化生してきた穀物を取ってきて、それを種とした母神で、穀物の生成の役割をも果たしています。ムスヒという言葉がすでに生産の霊力という意味です。だから、カムムスヒは、蔓芋の種とも粟の種ともいわれる小さな穀霊神スクナビコナの母でもありました。

オオクニヌシが出雲の御大《みほ》の御前《みさき》に来たとき、波の上をやってくる神がいましたが、名を名乗らないので、天下のことをすっかり知っている案山子《かかし》の神クエビコに聞くと、「これはカムムスヒの神の御子で、スクナビコナの神です」と答える。カムムスヒの神も「まことにわたしの子であり、わたしの手の股からこぼれ落ちた子どもだ」と言い、「アシハラシコオ（オオクニヌシ）と兄弟となって、この国を創り堅めよ」と命じたといいます。ここでは、カムムスヒは穀霊神の母となっており、生産力を象徴する神という性格をもっています。オオクニヌシがスクナビコナと二人で国土を創成できたのは、この農業の生産力によってであったことも、この説話から読み取ることができます。

穀母から穀霊神が生まれるという観念は、古代メキシコのアステカにも見られます。アステカでは、トウモロコシの女神の首を断ち、その血を豊穣のための犠牲として、その皮を司祭がまとう儀式がありました。ここで、皮をまとった司祭はトウモロコシの息子であり、新しい穀霊神イクシペの誕生を意味します。これは、オオゲツヒメやウケモチの物語にも通じる農耕儀礼です。

愛の神

一方、母なる大地の神は、多くの男神と交わってその産出力を発揮したとも観念されましたから、地母神は、また、愛の神という形もとりました。古代ギリシアのアフロディテはその代表です。

アフロディテは豊穣と美と愛の女神であり、多くの神々に恋をさせる力をもっていました。ヘシオドスによれば、アフロディテは、クロノスがウラノスの男根を切って海へ投げたとき、そのまわりに集まった精液の泡から生まれたといいます。ホメロスによれば、愛欲を司るアフロディテは、極めて淫乱な女とみなされていました。彼女は戦争の神アレスと裸で抱き合っているところを、夫で鍛冶師のヘパイストスに見つけられ、目に見えない網でベッドごととらえられましたが、海神ポセイドンのとりなしで二人は救われます。アレスとの間には、ディモス（恐怖）、ポボス（狼狽）、ハルモニア（調和）など、何人かの子が生まれたといわれます。アフロディテは他の男神とも多く交わり、酒と陶酔の神ディオニュソスとの間には巨大な男根をもつプリアポス、ポセイドンとの間にはエリュクス、伝令使ヘルメスとの間に男女両性のヘルマプロディトスが生まれました。彼女は、また、多くの人間とも情交を結びましたが、とくに美少年アドニスとの愛はよく知られています。アドニスが野猪に突かれて死んだとき、悲しんだアフロディテは、少年の流した鮮血から赤いアネモネの花を咲かせたといいます。

アフロディテにとってのアドニスは、古代バビロニアのイシュタルにとってのタンムーズに当たります。アドニスやタンムーズは植物や作物の神で、大地のもとで死して再生する神と考えられました。タンムーズと交わるイシュタルも、アドニスと交わるアフロディテも、ともに大地女神であり、同時に多淫な愛の女神と思われていたのです。

よく知られた北欧の女神フレイアも、美と愛を司る豊穣神でした。夫オズルが旅に出てしまったため嘆き続けたフレイアは、ついに、夫を探すため、数匹の猫が引く車に乗って、あてもない旅に出ます。猫はフレイアが最も愛好した動物で、媚愛と肉感と多産の象徴でした。どこでもオズルを見つけることができず、行く先々で流した涙は、各地の地底にある黄金となりました。南の国に入ったとき、ようやく出会った二人は、手に手を取って、神々の世界アスガルズに帰ることになります。フレイアの足取りは軽く、一足ごとに大地の草が緑となり、木々が花をつけ、鳥も喜びの歌を歌ったといいます。フレイアは、愛の神であると同時に、もともと大地の豊穣を具現する豊穣神だったのです。

インドのパールヴァティーも、ヒマラヤの神の娘ウマーと同じく、地母神から発展してきた愛の女神です。パールヴァティーとは山の娘の意味で、ウマーと同じく、シヴァの神妃でした。パールヴァティーは、修行に夢中になって彼女に気づきもしない夫に、我慢ができなくなります。愛欲の神カーマデーヴァが、彼女に注目させようと、シヴァ神にキューピッドの弓を放ったときも、シヴァ神は、額の第三の目から出る閃光によって、カーマを焼き殺しました。パールヴァティーは、無限に継続するシヴァ神の修行に飽き、隠遁してしまいました。ある日、若いバラモン僧が訪ねてきて、彼女を俗世間に連れ戻すために、シヴァ神の悪口を言いました。しかし、パールヴァティーはシヴァ神を信じて疑わなかったので、バラモン僧はシヴァ神の本体を現わし、彼女の愛を求めました。二人はヒマラヤのカイラーサ山に行き、愛の生活を送ったといいます。

3　死

冥界訪問

春となれば、大地には草が生え、花が咲き、木は芽吹き、穀物は育ち、野山には獣が這《は》いまわり、小鳥たちがさえずり、あらゆる生命が復活してきます。大地は、生きとし生けるものを生み出し育む生命の源泉でした。この大地の無尽蔵な生成力が、人間や動物の母の産出力と結合され、大地女神として想像されたのです。

しかし、冬になれば、草花は枯れ、木々は葉を落とし、穀物も取り入れられ、野山の獣や鳥たちもねぐらに籠り、虫たちはその短い一生を終えて、大地に帰ります。大地は、また、あらゆる生命がそこへと帰り、そこへと死し、そこへと衰えていく懐《ふところ》でもありました。

そのため、あらゆる生命の源泉であり、無限の生成力の源と考えられた大地は、同時に、あらゆる生命がそこへと帰っていく死の場所とも考えられました。人間も、動物も、植物も大地から生まれ、そして大地に帰っていきます。だから、古《いにしえ》の人々は、地底に、生きとし生けるものが帰って安らう死の国、冥界があると想像したのです。無限の産出力を司っていた大地女神が、愛人や愛し子を訪ねて冥界を訪問したり、または冥界へ移動したり、または冥界の女王になったりするという神話や伝承が生まれてくるのはそのためです。

古代バビロニアの大地女神イシュタルの冥界訪問の神話は、その代表です。この地方では、命あるものが枯死する季節は、冬ではなく夏でした。

イシュタルは、愛人タンムーズを失ったとき、来る日も来る日も嘆き悲しんでいました。地上の人間たちも、太陽の極熱が厳しい乾燥をもたらすとき、タンムーズの哀悼を続けました。農神タンムーズが冥界に連れ去られたため、地上では野原も牧場も枯れ、穀物は実を結ばなくなり、家畜の数も少なくなっていきました。居ても立ってもいられなくなったイシュタルは、冥界へ降り立ち、七つの門を通過して、ようやくのことで冥界の女王エレシュキガルのもとに辿り着き、タンムーズを返してくれるよう頼みました。しかし、エレシュキガルは承知せず、逆に、侍従ナムタルに命じて、イシュタルを邪気で叩きのめしました。イシュタル女神の死は大地の豊穣の終末を意味しましたから、地上の神々はあわてて相談し、人獅子アスシュナミルを遣わします。アスシュナミルは、イシュタルを解き放つべしという地上の大神の命令をエレシュキガルに伝え、エレシュキガルはそれにしぶしぶ従い、イシュタルに生命の水をふりかけ、地上に帰しました。

このよく知られたイシュタルの冥界下りの神話は、シュメールの大地女神イナンナが、年に一度冥界下りをするという神話に源泉をもち、その後、古代ギリシアの神話、例えば、デメテルとペルセポネ、アフロディテとアドニスの話にも影響した農耕神話です。大地女神の冥界下りは、灼熱の太陽のもとで命あるものが枯渇する真夏の砂漠の風土を背景に想像されたものでしょう。

古代ギリシアの豊穣女神デメテルが、冥界の王にさらわれた娘ペルセポネを探すというよく知られた神話も、母なる大地の観念と死の観念とが深く結びついていることを示しています。

シケリア島の森で花を摘んでいたペルセポネは、冥界の王ハデスに連れ去られ、冥界に着いてからも嘆き続け、食物に手を触れようともしませんでした。母デメテルは、娘を探し求め、飲まず食わずでさまよい歩きました。娘が誘拐されたことを知り、半狂乱となった彼女は、裏切ったシケリアの地に旱魃と飢饉の災いを与えました。デメテルが神々との交わりを避け、エレウシスの神殿で過ごした間、大地は稔りをもたらさず、不毛となりました。そのことを心配したゼウスは、ペルセポネが冥界で何も食べていなければ、彼女をデメテルのもとに帰すことにしました。冥界で一度でも飲み食いした者は、永遠にそこに留まらねばならないという掟があったからです。ところが、ペルセポネは、ハデスが間際になって勧めたざくろの実を幾粒か食べていました。そこで、ゼウスの仲介で、彼女は、一年の三分の一は、ハデスの妻として冥界の女王となり、死と復讐を司り、後の三分の二は、デメテルのもとで暮らし、母とともに大地の豊かさを司ることになりました。そのため、一年の三分の一の暑い夏には、大地は渇ききって不毛となり、後の三分の二の秋から初夏にかけては、麦が蒔かれ、生長し、取り入れが行なわれるようになったのだといわれています。

デメテルとペルセポネは、母娘として、生命の産出、養育、保護という女性の原理によって深く結びついています。そのため、男としてのハデスは、この女性の深い結びつきから娘を奪う者と観念されたのです。デメテルがペルセポネを取り返したという観念は、この女性原理つまり産出力の回復を意味しています。だからこそ、この回復によって穀物の豊穣が約束されたのです。

ペルセポネはデメテルの分身であり、その母と同じく、豊穣女神でした。そのため、デメテルやペルセポネが不機嫌で、食物を口にしなかったときには、大地は不毛だと考えられたのです。その豊穣女神ペルセポネが同時に冥界の女王ともなっているということは、無尽蔵な産出力をもった大地が、同時にあらゆる生きものを呑み込んでしまう力をも持っているという観念を象徴しています。

冥界移動

大地と死のイメージは、豊穣女神の冥界訪問という形ばかりでなく、すでにペルセポネの話にも表現されていますように、女神そのものが冥界へ移動し、冥界の女王となるという形でも表現されます。

古代エジプトの豊穣女神イシスも、冥界の王オシリスの妻として、冥界の女王となっています。イシスは、長い漂泊の末、夫オシリスを冥界の王として復活させ、その玉座の側に就きます。死者の霊魂は、太陽神ラーの船に乗り、冥府（ツアト）の五つの国を経て、六番目のオシリスの法廷に出向き、地上で行なった行為を審判されます。

わが国のイザナミも、多くの島々や神々を生んだところをみれば、明らかに、万物を無尽蔵に生み出す母なる大地の神でした。しかし、同時にまた、イザナミは、火の神カグッチを生んだために御陰《みほと》が焼かれて死に、地下の黄泉の国の神ともなっています。

イザナキに帰ってくるように説得されたイザナミは、ギリシアのペルセポネと同じように、黄泉の国の食物を食べてしまったので帰れないと言います。それでも、イザナミが黄泉神《よもつかみ》に相談してくる間、待ちきれなくなったイザナキは、見るなの禁に反して覗いてしまいます。すると、イザナミの身体には蛆がわいて、身体の各部位に八種類の雷が出現していました。雷は、天と地を結んで雨をもたらし、大地に豊穣をもたらす神でした。大地の神イザナミの身体に雷が居座っていたのもそのためです。

イザナミの恐ろしい姿を見て驚いて逃げ帰ったイザナキを、イザナミは追ってきます。そして、黄泉比良坂《よもつひらさか》で別離の言葉を交わしたとき、イザナミは、「わたしはあなたの国の人間を一日に千人殺してしまいます」と言います。こうして、イザナミは、黄泉津大神《よもつおおかみ》、冥界の女王として、死者の国に住むことになったのです。

ここでも、イザナミは、あらゆる生命を生み出す母なる大地の神であると同時に、だからこそ、また、すべてのものに死をもたらす神ともなっています。生と死、生成と消滅は、大地を通して深く結びついていたのです。

冥界の女王

生きとし生けるものが大地から生まれ大地に帰るという信仰は、かなり古くからありました。命あるものを次々と生み出す大地女神が同時に死者の世界の女王ともみられたのは、その表われです。大地の子宮は、死者の安住する所であり、休息する所だったのです。死とは、大地の母の懐に帰ることであり、母なる大地の胎内に回帰することでした。そのような観念は、死者の屍を集落近くに埋葬したころ以来の観念でした。それ以来、大地は死者が永遠に眠るところと考えられ、大地の女神はその死者の世界を支配する神と考えられたのです。古代インドの祭式集『アタルヴァ・ヴェーダ』（一二・一・一四）でも、「大地は母、われは大地の子、……汝より生まれし有情《じょう》は汝に帰る……」と言われています。

大地は、生きとし生けるものすべてを呑み込んでしまう偉大な力と考えられていましたから、大地女神は、また、人間や動物を次から次へと殺していく残忍な女神としても想像されています。

古代エジプトの大地女神ハトルはその例です。

自らの治世が長くなり、人間が次第に従わなくなったことを嘆いた天上の神ラーは、人間を滅ぼすため、自分の目をハトルの女神に変え、人間を次々と殺させました。ハトルは、国中を駆け回り、自分の仕事に熱中しました。その有様をみたラーは後悔し、せめて生き残った人間だけでも助けてやりたいと思い、薬草と大麦と人間の血で作ったビールを用意し、復讐の女神ハトルが一日の殺戮を終えて休む場所へ置きました。ハトルは、それを喜んで飲むうちに、酔いがまわってきて、人間のことなど忘れてしまいました。そのとき、ラーは、彼女に、そろそろ帰るようにと声をかけ、引き取ってもらったといわれています。

古代エジプトで、新年の第一日に、ビールを作ってハトルの女神に供え、人々が踊り明かす祭りがあったのは、このハトルの帰還を記念してのことでした。元日は、弱まっていた太陽の力が再び息吹き返してくる日であり、そこからやがて春が訪れ穀物が育つ境目の日でありました。この日を境にして、人間の生命力も長い衰弱から甦《よみがえ》ると考えられていたのです。人間の殺戮を事としたハトルの女神が帰って行くという空想は、そのような観念から生まれています。

冥界の神という側面が強調される古代ギリシアのヘカテも、もとは豊穣を司る小アジア由来の大地女神でした。ヘシオドスの『神統記』（四一一—四五三）によれば、ヘカテは、ゼウスがいかなる神よりも崇拝する重要な女神であり、天、地、海にわたる支配権をもつといわれます。ヘカテは、また、牛や山羊の群れを増やし、子供を養育する神で、ヘカテに祈る者には福運が訪れるといわれます。しかし、同時に、ヘカテは、そのような地母神的性格をもっていましたから、ペルセポネと同じように、地下の冥界の女主人ともみられました。さらに、ヘカテは、この冥界から出てきて、闇夜を支配し、好んで墓地をさまよい、魔法と妖術を守護し、怪奇な事象を引き起こし、多くの者を滅ぼしたともいわれます。夜道を支配し、運命を司るとも考えられたヘカテは、アルテミスと同じく、十字路の守護者とも考えられ、死者を地下に導く月の神ともみられていました。

北欧の冥界の女王であり死の神であるヘルには、もはや豊穣神の面影はなく、もっぱら地下の地獄を支配する女神となっています。ヘルは、最も邪悪な神ロキと悪の権化で女巨人アングルボダとの子でありましたから、さまざまな災いをなす邪悪な神と想念されています。ヘルは、氷のように冷たく、狼のように恐ろしい顔をして、体の半ばが鉛のように青白く、半ばが血のように真っ赤でした。神々の王者オーディンは、このヘルを、後の災厄とならないようにと、氷寒世界の底に押し込めました。しかし、ヘルは、この地底で死人のための地獄をつくりました。死人は、この地獄に達するために、悲惨な旅を続けねばなりませんでした。死人の中で邪《よこしま》な行ないをした者は、この地獄で、言いようのない苦しみを味わわされたといいます。冥界の女神ヘルは、時折、三脚の白い馬か箒《ほうき》に乗って、人間世界に出てくることがあります。そして、大きな熊手を振り回して人間を掻き集め、地獄に連れ去ります。ヘルは、地獄で死人を支配し、世界破滅の光景を夢見ながら、神々に復讐することのできる時を待っているのだといいます。

あらゆる生きとし生けるものを呑み込んでしまう大地の観念から、北欧の人々は、厳しく暗い風土を背景にして、たくましい想像力によって、おどろおどろしい地獄とその女王像を想像したのです。

スコットランドのベーラは、冥界の女王ではありませんが、地上の草や木や穀物すべてを枯らし、萎えさせ、不毛にしてしまう冬の女神でした。老婆の形をしていたベーラは、背丈は高く、一つ目で、視力は氷のように鋭く、鯖《さば》のようにめざとく、顔色は陰鬱で、どす黒い青色でした。ベーラは、世界の四つの赤い国に君臨していましたが、支配の及ぶ期間は冬の間だけで、春が訪れると、ものみな彼女に反抗するようになります。それでも、ベーラは、最後まで全力を尽くして、植物の生長を妨害しました。冬の間中、虜にされていたブライド姫が、春近くになって自分の息子アングスに連れ去られていったときも、ベーラは、八人の醜い召使の鬼婆に後を追わせ、自らも嵐と霜で荒れ回り、魔法の槌《つち》で大地を打ち続け、土を氷結させせようとしました。そのため、国中に不幸と災害がもたらされ、羊や山羊や馬や牛が死んでいったといわれます。

このように、冬の女神ベーラは、スコットランドの荒涼とした冬の気候を反映し、恐ろしい老婆として想像されていますが、しかし、彼女も、もとは、大地の豊穣を司る女神だったと思われます。もともと、ベーラは、スコットランドのすべての神々の母と考えられていました。実際、ベーラの子孫には、光の精や海の精、緑の魔女など多くの種族が生まれ出ています。しかも、彼女は、何百年も生き続けて不死でありました。また、ベーラは、スコットランドの河や湖水、山や谷、島をつくったとも伝えられているところをみますと、大地を形成する造化神であったとも思われます。豊穣の女神ブライドやその夫で夏の王アングスは、むしろ、この大地女神ベーラの分身だったとも考えられます。豊穣の神がベーラから分かれ出てしまったために、その後のベーラは、不毛をもたらす醜い冬の女神に落ちぶれてしまったのでしょう。そのように考えることができるとすれば、ここでも、生成・豊穣を司る大地女神が、同時に、すべてを呑み込み、枯れ、萎《な》えさせてしまう不毛の女神になるという二重性が暗示されていることになります。

インドの大地女神カーリーも、血を好み殺戮を喜ぶ破壊神に転じています。カーリーは、ヒンドゥー教でも最有力の神で、第一の右手に血のついた剣を、第二の右手に三叉戟《さんさほこ》を、第一の左手に切り取った生首を、第二の左手に血を受ける頭蓋骨を持ち、首には人頭をつないだ輪をかけた神像として表現されています。カーリーは、特に動物の血を好むと考えられたので、その祭りには無数の山羊が首をはねられ、その血が犠牲として捧げられました。

恐ろしい破壊神として想像されているカーリー女神も、もとは、太女神から生まれ出てきた神でありました。昔、シュムバとニシュムバという兄弟の魔神に支配されようとした神々は、太女神に助けを求めました。すると、太女神は、シヴァの神妃ドゥルガ（パールヴァティー）の姿をとって現われ、魔神の手下と戦いました。このとき、この女神の怒りの顔から恐ろしい顔をしたカーリーが生まれ、口を大きく開き、目を血走らせて、魔神たちと戦い、その首を取りました。カーリーは、魔神たちの血から生まれた邪悪な神たちも大きな口で飲み込み、その血も飲み尽くして殺しました。
カーリー自身もシヴァの神妃とみられていますが、彼女は時間と黒色の女神とも考えられていました。ギリシアのクロノスと同じように、すべてを呑み込んでしまう神と考えられたのは、そのためでもあります。カーリーは、生きとし生けるものに命を与えると同時に、すべてのものに死と消滅をもたらす大地の母だったのです。

4 再生と循環

再生

命あるものが大地から生まれ大地に帰るという〈生から死〉への方向は、また〈死から生〉、つまり大地に帰ったものが再び大地から生まれてくるという再生の思想へと発展していきます。

冬が来て、大地のもとに萎え枯れていった草も、春になれば、芽を吹き、花をつけます。すっかり葉を落とし、死んだように見えた樹木も、春になれば、若々しい緑の葉をつけ、繁茂します。秋になって刈り取られた穀物も、種となって冬を越し、春に蒔けば、田畑から再び芽を出し、豊かに実をつけます。野山の木々の下に生息する虫たちも、冬の訪れとともに死し、死骸を大地の中に埋め、土くれとなって消えていきますが、虫たちの生んだ卵は、長い冬籠もりの後、草花の芽吹きとともに再び生まれ出てきます。

　これら植物や動物の死と再生を司っている四季の移り変わりも、いわば太陽の死と再生によってもたらされます。十二月、冬至の日、太陽の力は最も弱くなり、太陽は大地の果てに沈んでいきますが、しかし、この日は再び太陽が甦ってくる日でもあります。古来、この太陽の再生を祈って、さまざまな祭りが行なわれてきました。

　大地は、生きものが死し、死したものがそこから再生してくる場であり、母胎でした。生とは大地の胎内を離れることであり、死とは大地の胎内へ帰ることです。としますと、その大地の胎内から、再び命あるものが生まれ出てくると太古の人々が考えたのも、不思議なことではありません。

　インドのヒンドゥー教の考え方でも、世界は創造と破壊、死と再生を繰り返すものと考えられてきました。生なくして死はありません。死なくして生はありません。だからこそ、シヴァ神にしても、カーリー女神にしても、徹底的にこの世のものを破壊する強大な力と考えられていたと同時に、あらゆるものを生み出す偉大な力とも考えられていたのです。破壊は同時に再生につながります。大自然は、暴風雨や洪水、旱魃や地震などによって、人間に災厄と破壊をもたらすとともに、植物を育て、穀物の豊穣を約束し、山野の動物を繁殖させてもくれます。大地は、災厄や破壊をもたらすとともに、恩恵と創造の偉大な力でもあります。インドの神々の観念には、この大自然の相反する二重性が反映しています。大地は、死と再生、破壊と創造を繰り返し、永遠の生命を維持する偉大な原動力と考えられていたのです。

古代バビロニアの太女神イシュタルが、死んだ愛人タンムーズを求めて冥界に下り、彼を連れ帰ったという話も、大地の生命力の死と再生を象徴しています。イシュタルがタンムーズを求めて冥界に下ったときには、地上では作物が稔らず、家畜も増えませんでした。しかし、イシュタルがタンムーズを連れて地上に帰って来たときには、万物の生気は再び甦ったのです。このイシュタルの冥界下りからタンムーズの復活までを聖なる劇にして行なわれた儀礼は、新年祭に続いて行なわれ、タンムーズの復活する歓喜の日に大団円を迎えました。そして、これを境にして新年が始まりました。古代バビロアの人々は、新年の始まる月（三～四月）を、イシュタルとタンムーズが床を共にする月と考えました。この新しい月を境にして、草や木や穀物の生命力も甦ってくると考えられていたのです。

イシュタルとともに中東地方の最古の太女神のひとりに数えられるアスタルテは、古代フェニキアのビブロス出身の月の神でした。各地に残るアスタルテ像は、乳房を押さえたりあらわにしたりしていますが、それは、乳房が生命の養育の象徴だったからです。シリアやエジプトでは、毎年十二月二十五日になると、アスタルテの聖なる劇を演ずることによって、天界の処女アスタルテから太陽神が再生するのを祝っていたといいます。聖母マリアが神の子イエスを生んだというキリスト教の言い伝えの原型のひとつは、このアスタルテの祭りにあるといわれています。

古代ギリシアのエレウシスの祭儀は、豊穣神デメテルが娘のペルセポネを取り戻したことを記念するものでありました。毎年秋に行なわれる本祭は、一日におよぶ行列で始まり、黄金時代の古式に則《のっと》り、デメテルを祀る各聖堂に地域の産物を供え、巡礼していくものでした。そして、ペルセポネの失踪と帰還の物語が、音楽と舞踊付きで演じられました。

小麦の種は、夏の間、暗い地中に埋められて保存され、秋になって蒔かれ、再び芽を出してきます。この穀物の死と再生が、ペルセポネの冥界への誘拐と冥界からの帰還の神話に象徴されます。エレウシスの祭儀は、これを盛大に再現するものでした。この祭儀で行なわれる秘儀では、女神の再生にちなんだ儀礼が行なわれ、その儀礼への参加者の再生を約束しました。人々は、この秘儀に参加することによって、自分たちが、そこへと死し、そこから再生する大地の子であることを体験したのです。

古代エジプトの大地女神イシスも、バラバラに斬り刻まれたオシリスの体の断片を集めて、夫を復活させています。「見よ、われ、汝がそこに横たわるを見つけたり、偉大なる者は力萎えたり、……オシリスよ、汝、横たわりおる不幸なる者よ、立ち上がりて生きるべし、われはイシスなり」と唱えると、オシリスは立ち上がり、命を得て、イシスと交わり、かくて生命は途切れることなく続いたといわれます。エジプトの人民に多くの知恵や技術を教えた英雄神オシリスも、母なる大地の女神イシスの力によって再生してきたのです。ここにも、大地のもとでこそ死したる者も再生し、こうして、生命は永遠に続くという思想が反映しています。

フィンランドの伝承『カレワラ』に出てくる放埒な自然児レミンカイネンも、母親の力で死から生へと甦っています。姿の見えなくなったレミンカイネンを、半狂乱になって尋ね歩いた老母は、息子が冥界の黒い河水の底に死に絶えていることを知ります。彼女は、名工イルマリネンに巨大な鉄の熊手を作ってもらって、はるばると死の河に赴き、その熊手でわが子を見つけ出しますが、体の各部はバラバラになっていました。それをつなぎあわせ、生命の香油をわが子の体に塗りつけると、レミンカイネンは甦ったといいます。

わが国のオオクニヌシも、八十神《やそがみ》たちに火で焼いた大きな石で殺されたとき、母神や女神の力で甦っています。オオクニヌシの死を悲しんだ母神が天上のカムムスヒに相談したところ、カムムスヒは、キサガイヒメとウムガイヒメを遣わして、オオクニヌシを生き返らせてくれました。キサガイヒメが貝殻を掻きけずり、その粉を集め、ウムガイヒメがこれを母の乳汁《にゆうじゆう》として塗ったといいます。オオクニヌシが、二度めに殺されたときにも、母神が助け出して生き返らせ、スサノオのいる根《ね》の堅州国《かたすくに》に逃がしています。

レミンカイネンもオオクニヌシも、ともに、生命の香油や母の乳汁によって生き返っています。そして、どちらも、母の配慮や、母の願いを聞いた女神の配慮によって復活しています。それは、ガイアの生んだ奇蹟の食物の汁によって、巨人のギガスたちが不死の命を与えられたのと同じです。どれも大地女神の再生力を象徴しています。

また、レミンカイネンにしても、オオクニヌシにしても、さまざまな苦難にあって死し、そして復活しています。これは、成年儀礼を反映したものでしょう。成年儀礼は、少年の魂が死して、成年の魂へと再生する儀礼でありました。ここにも、死と再生のテーマがあります。このときいつも母神の助力があるのは、大地に根差した女性の偉大な生命力に加護されなければ、英雄はその任務を全うできないという観念があったからでしょう。

樹木と洞窟

命あるものは大地から生まれ大地に帰り、そして、また大地から再生し、生命は永遠であるという思想は、さまざまの神話の中の死と再生の物語の中で語られるばかりでなく、古代世界では、樹木や洞窟などに託してもイメージされました。

樹木は、大地から生え出て生長し、大地に根を張って長い生命を保ち、枯れても、また次の世代の芽を出し、その生命を維持させる。それは、大地における生命の永遠、死と再生を象徴するものでした。

北欧の古代人も、伝承された神話『エッダ』（グリームニルの歌　三一—三五）の中で、世界樹イグドラシルについて語っています。樹冠を高く掲げるこの聖なる木のもとには大地があり、三本の根は深く地底の冥界（ミズガルズ）に伸び、その根には生命の源であるミズガルズの蛇が無数にからんでいます。蛇も木も死と再生の象徴でした。この聖なる樹木から、人々は絶えず啓示を受けていたのです。

ギリシア人も、デルポイでは、アポロンの月桂樹に助言を仰ぎ、ドドナでは、ゼウスのオーク樹に願をかけました。古代ケルトのドルイド教の神官たちも、オーク樹から神託を得ていました。

ヨーロッパのクリスマス・ツリーも、もとはキリスト教以前のゲルマン人の樹木に対する信仰に発しています。太陽が死して復活する冬至に常緑樹を飾るのは、樹木が再生と永生の象徴だったからです。これが後、キリスト教と結合され、聖母マリアからのイエスの生誕を祝う木になっていったのです。また、十字架に架けられたイエスが死して復活したという信仰も、この樹木の信仰と深くつながっています。メイ・ツリー（五月の木）にも、同じような再生祈願の意味がありました。

洞窟も、死と再生、そして生命の永遠の象徴でありました。世界の各地で、太古に、洞窟が死体を埋葬する葬場に使われていたのも、そのためです。死者は、冥界の入口である洞窟の穴から、母なる大地の子宮に帰り、再びそこから再生してくるものと考えられたのです。

イエスが聖母マリアから生まれてきた場所は、ベツレヘムの馬屋ではなく、洞窟であったという別の言い伝えがあるのは、キリスト教以前の古代信仰からきています。そこには、子供が、母なる大地から、処女精霊の子として、洞窟、つまり大地の子宮から生まれるという信仰があったのです。

循環

大地には、何よりもまず草や木が生え、そこを獣たちが這い回り、この草木や獣とともに人間たちが生活しています。そして、これら大地から生まれ出てきたものは、また同じ大地に帰り、これを繰り返します。大地のもとでは、植物と動物と人間の間に、生命の連鎖があり、連帯性がありました。大地の霊力、生命力は、大地から出て、あらゆる生きものの中を通って、大地に帰り、これが永遠に繰り返されます。この生命の永遠回帰、永遠の循環こそ、原初の人々が信じて疑わなかったことでした。この世界に存在するものがどんなに変転しても、宇宙の目に見えない生命力は、果てしない循環の中で保存されます。

このような生命の永遠の循環の中では、時間も循環するものととらえられました。時間は、近代のように直線的に前へ前へと進むのではなく、ちょうど四季が移ろうように、または月が満欠を繰り返すように、絶えず始源に回帰して再生し、円環を描くものと考えられました。去年村はずれで啼《な》いて初夏の訪れを告げた郭公《かっこう》は、今年もまた同じように啼いて初夏の訪れを告げます。どの植物もいつも変わらない周期を描いて、忘れずに花を咲かせ、実を結びます。太陽も、冬至にしても、夏至にしても、いつの年も、同じ山の端から顔を出します。すべては繰り返し、回帰してくるのです。

ギリシアの時の神クロノスが、自分の生んだ子を呑み込んでしまったという神話も、時間の円環性を語っています。時は、創造する力も、すべてを無化する力をももっているからです。インドのカーリーが、創造女神であると同時に、すべてを破壊し呑み込んでしまう恐ろしい破壊神と想像されたのも、彼女が時の神でもあったからです。時はすべてを無化して、始源の混沌に帰し、そこから再びすべてを生み出します。カーリーは生成そのものであり、永遠の流動です。万物はそこから生まれて、そこへ消滅し、永遠の循環を繰り返します。ここでは、存在は生成に還元されています。生は死であり、死は生なのです。

大地女神の数多くの神話が語る生成・豊穣・死・再生・循環の物語は、宇宙の根源的生命の再生と循環を象徴的に語りながら、宇宙生命の永遠を物語っています。わたしたちの死も、宇宙生命への回帰にほかなりません。肉体も魂も、ともに死を通して宇宙生命へと帰還し、再生してきます。この宇宙の根源的生命への帰一の感情こそ、宗教がその発生以来求めてやまなかったものでありました。

III

生命について——環境と持続

1　生命と環境

開放系としての生命体

虫にしても、魚にしても、獣にしても、人間にしても、生命体はどれも、周囲の環境と物質やエネルギー、そして情報を出し入れして自己を維持していく開放系です。しかも、生命体を一つ一つの細胞や遺伝子に分割しても、それ自身がまた周囲の環境と物質・エネルギー・情報の交換をして、一つの秩序立った組織を形成していく開放系です。また、一つの生命体を越えて、生命体の集団にまで視点を広げていっても、それ全体が、また、まわりの環境と物質・エネルギー・情報の交換をして自己を維持していく開放系として存在します。つまり、生命体は、どのレベルにあっても、環境との絶えることのない相互作用によって自己の秩序を流動的に保つシステムなのです。事実、生命体は、外部環境からの刺激に反応するだけでなく、外部環境に対して、代謝や運動という形で積極的に働きかけます。生命体は、受動・能動二つの作用によって、環境との休むことのない相互作用を行なっているのです。

植物は、外部環境から二酸化炭素や光のエネルギーを取り入れ、これを炭水化物の合成に使い、余った酸素やエネルギーを外部環境に放出します。動物は、外部環境からこの植物を摂取し、大気から吸収した酸素によってこれを酸化し、エネルギーを取り出して、余った二酸化炭素やエネルギーを外部環境に放出します。植物にしても、動物にしても、このように環境を積極的に利用して自己の維持をはかります。この代謝という機能こそ、生命体が環境との相互作用によって成り立っているということの具体的な表現です。生命体は、この代謝機能によって、自分自身の成分を分解して物質やエネルギーを放出するとともに、その分、逆に物質やエネルギーを外部から取り入れて、流動的な平衡状態を保持します。生命体は環境から切り離して考えることはできず、環境との深い関係の中でとらえねばなりません。

　生命体を遺伝子レベルで考えても、遺伝子は、何より紫外線や放射能、熱や化学物質など外部環境からの刺激によって、突然変異を起こします。さらに、そのような受動的な作用ばかりでなく、生命体としての遺伝子は、積極的に環境の変化を読み込んで、自己自身を組み換え、柔軟に適応していきます。

　モノー*のオペロン説*なども、遺伝子が環境を読み込む能力をもっていることの説明にはなっています。例えば、外部から乳糖が入ってきますと、それが遺伝子のリプレッサーに結びつき、リプレッサーはスイッチから離れます。すると、乳糖分解酵素遺伝子が働き出し、乳糖を分解します。つまり、分解されるべきもの自体が一つの情報を提供して、DNAに働きかけ、自動的に調節が行なわれることになります。これは機械論的な説明ですが、しかし、それでも、遺伝子が、絶えず外部環境の情報を読み込みながら柔軟に対処していくことのできる一つの生命体であることを証拠立ててはいます。

ウイルスなど、人間の生体を侵す抗原は数限りなく存在しますが、人間の生体は、この大量の抗原に対して、容易に抗体をつくってこれを退治します。この免疫反応をとっても、わたしたちの遺伝子は、外部環境の情報を積極的に読み込みながら自己を維持していく一つの生命体であることが分かります。

むしろ、生命活動とは、生命体だけの活動を意味するのではなく、外部環境の変化をも含めた生命体の変化全体を生命活動だと言うべきでしょう。外部環境の変化が情報となって、生命体に影響を及ぼし、生命体を変化させていきます。生命体は環境に貫かれているのです。生命現象の物理化学的な分析では、ややもすれば、生命体に及ぼす環境の影響が度外視され、生命体そのものに内在する情報のみによって生命活動が営まれるように考えられることが多いように思われます。しかし、これは、生命現象の一面しかとらえていない偏った見方だと言わねばなりません。生命活動は、環境と切り離すことができません。

動物が餌を探しに巣穴を出て山の中を探索したとしても、そこが尾根であるのか、沢であるのか、どのような草や木がはえているのか、どのような外敵が待ち構えているのか、環境の違いによって、動物がとる行動はさまざまに変化します。同じ餌探しという行動でも、置かれている環境によって形態が変わるのです。

主体と環境

生命体は、主体と環境の相互作用によって常にみずからを変化させながら、自己自身を維持していきます。機械論的な生命観では、生命体を各部品からできている自動機械ととらえ、周囲の環境との複雑な相互作用を無視して考えがちですが、これでは、生命体の全体をとらえることはできません。生命体は、自己自身を環境に適合させるとともに、環境を自己自身に適合させ存続していく流動体です。しかも、生命体にとっての環境は、単に理化学的に規定された客観的環境ではなく、どこまでも、生命体が自分自身の環境として選択した主体的環境です。生命体は、主体的な場から環境を受容し、環境をわがものとします。さらに、自己の環境に積極的に働きかけて、その環境に最も適合した形をとって生存していきます。

生命体は、受動と能動二つの作用によって、絶えず環境を計測し、これをつくり変えながら生きのびていきます。しかも、その環境との相互作用のしかたは、機械論的に一律に決められているわけではありませんから、そこには、ほとんど無限に近い相互作用の形態があります。生命体がそれぞれ独自の形をし、独自の働きをしながら、無数に存在できるのはそのためです。また、ある環境を与えれば必ずある一定の形態や行動が現われるというものではありませんから、生命体がどのような形態や行動をとりうるかということは、予測することができません。そこに、生命の創造性があります。生命体のさまざまな形態や行動は、絶えず変化する主体と絶えず変化する環境の相互作用によって決まる関数であって、その解はほとんど無限にあります。

生命体がもつ身体器官は、主体が環境に対して行なう受動作用と能動作用の媒体です。主体と環境は、身体器官という媒体を通してつながっています。生命体がもつ身体は、物理化学的には、炭素や窒素、水素や酸素、硫黄や燐、その他の元素によって出来上がったもので、周囲の環境の元素組成と比べた場合、特に特異な要素から成っているわけではありません。その点では、身体は外部環境の要素を自分自身のうちに含み、外部環境と連続しています。

しかし、それでいて、同時に、生命体の身体は、外部環境から自己自身を区別する境界域を構成し、環境と主体を区別します。区別することによって、環境から物質やエネルギーや情報をえて、環境に対して働きかけます。身体は、その意味で、主体と環境の中間にあって、主体と環境の同一と区別という矛盾したあり方を同時に表現します。身体は、主体と環境を分離すると同時に、両者を媒介します。

たった一つの細胞から成る最も単純な原生動物、例えばゾウリムシでさえ、外部環境から細胞口を通して食物を摂取し、細胞膜を通して水を取り入れ生きていきます。そのかぎり、一個のゾウリムシも、外部環境と同化して生きています。特に、口からの食物の摂取という現象は、単細胞の原生動物から高等動物に至るまで欠かすことのできない機能ですが、それは、身体器官を通しての環境の同化として、主体と環境の同一性を表現します。しかし、同時にまた、ゾウリムシでさえ、体中の繊毛を動かして外部環境を動き回り、障害物や敵から自分自身を守ります。また、外部から余分に入ってくる水を収縮胞によって吐き出し、体内の塩分濃度を一定に保ちます。そのかぎり、一個のゾウリムシも、外部環境から独立した個体として、みずからを外部環境から区別し、自己自身を維持していきます。単に、環境と同化しているのではありません。細胞膜に囲まれた一個の単細胞動物でさえ、すでに主体と環境、内と外との矛盾の統一体なのです。ここでは、身体を媒体として、主体と環境は連続しているとともに、不連続でもあります。

生命体がすべて外部の自然を構成する諸要素から出来ていることを考えますと、生命体も自然の一部と言えますが、しかし、同時に、生命体は、身体を通して自然から自己自身を区別しもします。生命体の受動と能動二作用は、この区別と同一の矛盾を乗り越えようとする生命体の意志的行為です。生命体は、環境から絶えず影響を受けながら、同時に環境に働きかけ、主体と環境の相互作用の中で、環境をわがものとします。生命体は環境から物質やエネルギーを取り入れ、それを同化しなければなりません。この点では、生命体と環境は連続しています。しかし、この同化作用を行なうには、生命体は、環境からかなり独立した主体でなければなりません。この点では、生命体と環境は区別されねばなりません。この区別と同一の両方の働きを一度にするのが、例えば、食物を見つけそれを食うという生命体の受動・能動両作用なのです。

生命現象における環境と主体の関係を場と個の関係として表現しますと、より論理的な表現ができるでしょう。個としての生命体は、場としての環境から影響を受け、同時に、場としての環境に働きかけながら、絶えずみずからを変えて存続します。個の中に場が働き出、場の中に個が働き出て、こうして場と個の相互作用の中で個は存続します。しかも、場を反映して個は絶えず変化し、変化することによって、個は場にさまざまな作用を及ぼします。そのことによって、個は場そのものをも変えていき、変えられた場に影響されてまた個も変わっていきます。場と個の相互作用の中で、場も個も螺旋《らせん》的に絡み合いながら変化してやみません。それが生命現象というものです。しかも、そのような個が、また、無数の個と一つの場において相互作用を行ない、みずから変わるとともに、場そのものをも変えていきます。生命の場は、そのような場と個の相互作用、個と個の相互作用を通して、常に流動変化していく生成の場なのです。この生成の場においてこそ、生命の無限の創造性は生まれ出てきます。

その意味では、生命体にとっての空間は、個体によって何ら影響を受けない古典物理的な絶対空間*ではなく、絶えず個体によって影響を受け、個体相互間の関係によって形成される相対空間です。場とか環境と呼ばれるものは、この相対空間を前提します。生命体にとっての空間は、物質がつくる空間と生命自身がつくる空間との相互作用によって出来上がる空間であり、だから、それは絶えず変化していく空間です。生命現象のもとでは、生命主体がなければ、空間も存在しません。生命体にとっての空間は、生命主体にとって意味をもった空間であり、生きられる空間であり、環境なのです。生命体は、そのような生きられる空間から絶えず刺激を受け、自己自身を更新しながら、生きる空間を創造していきます。この点では、生命に根本的な立脚点を置いて独自の形而上学を打ち立てたベルクソン*でさえ、このような生きられる空間を度外視してしまいました。ベルクソンは、空間を死せるものとみなし、空間の生命性を見失ってしまったのです。

環境の中の生物

生物は、環境からの影響や制約を絶えず受けています。現に、動物にしても、植物にしても、生物の個体群は、一般に、どこまでも増えていこうとする性質がありますが、実際には、環境からのさまざまな制約を受けているために、無制限に増殖し続けることはできません。天敵や病気、事故や気候、食物や水分の量、生活する空間の制限など、環境抵抗によって、生物の個体群の成長は抑えられ、適度な増殖率に保たれています。この点では、生物は、環境に対して受動的に従っているように思われます。

特に、植物では、環境に対する受動性はより多くなります。例えば、植物には、昼の長い時期にならないと花をつけない長日植物と、逆に、昼の短い時期にならないと花をつけない短日植物がありますが、それらは、地球上の各地域の日長環境と結びついて、受動的に分布が制約されています。植物の成長や形態形成にしても、光や気温など環境要因によって大きく左右されます。光や気温その他の要因の影響を受けて、植物体内の成長ホルモンと成長抑制ホルモンが相互に働き合い、植物の成長や形態形成は進められます。

しかし、それでも、生物は、単に、環境に対して機械的に反応しているだけではありません。植物でも、環境にまったく受動的に従っているわけではありません。生物は、生きのびるために、環境に応じて自己自身を変化させ、自己自身を環境に適応させていこうとしています。まったく受動的な反応のように思える場合でも、それは、それなりに環境に対する植物の積極的な適応である場合が多くあります。この点では、植物も、環境に対してそれ相応の能動性をもっています。それは、極く小さなバクテリアから、植物や、複雑な高等動物に至るまで、すべての生物がもっている戦略です。

例えば、光合成植物は、一般に、光がなければ栄養をつくることができないため、いつも光の奪い合いを行なっています。その結果、より上の方により広く伸びた植物は、太陽の光をより多く受けて、より多く成長し、より多く実を結んで、より多くの子孫を残すことができます。しかし、そうすると、より成長の激しい植物だけが生きのびてしまうことになります。しかし、実際にはそうはなりません。というわけは、植物の一部、陰生植物は、かなり暗くて光があまり届かないところでも成長していくことのできる耐陰性を備えるに至ったからです。これらも、ある環境条件に対する受動的適応ではなく、むしろ、悪条件下でも成長し子孫を残していこうとする植物の積極的適応だと言うべきでしょう。

植物でさえ、環境を利用して積極的に生きのびていこうとする意欲をもっています。自分の子孫をより多く残し、より広く分布させるために、種子や胞子を風を利用して遠方まで飛ばしたり、水や海流を利用して幅広く分散させたり、動物の移動力を利用して広く分散させたり、空気や乾燥などを利用して力学的により広い範囲に種を飛ばしたり、植物はさまざまな積極的適応戦略をとっています。

生物がもつ環境への積極的な適応能力は、原始的な細菌類など原核生物*にまで戻れば、逆に高まってきます。温泉源などの高温環境にも、さまざまな好熱細菌が棲んでいますし、南極や北極のような極寒地域にも、好冷細菌が生存しています。また、塩分濃度がほとんど飽和状態に近い塩湖や塩田にも、好塩細菌が棲んでおり、酸性度の極端に高い火山湖などにも、硫黄酸化細菌など好酸性細菌が生息しています。環境に対する生命体の積極的適応能力は、意外に広く強力です。

深海底の熱水噴出孔にも、硫化水素を酸化してエネルギーを取り出す化学合成細菌が数多く生息し、さらに、この細菌と共生しているハオリムシ、シロウリガイ、ムラサキイガイ、エビ、カニ、ヒトデなども生息し、一大生態系を形成しています。通常の生物にとっては硫化水素は毒物であり、普通の生物なら生きていくことはできません。しかし、この熱水噴出孔の動物たちは、硫化水素を酸化して毒性の低いチオ硫酸に変える代謝機能を備えて生きのびているといわれます。また、三五〇度もの高温の熱水を浴びると、通常のエビなら簡単にゆでエビになってしまいます。ところが、この熱水噴出孔のエビは、甲羅の背中に、光を感じることのできる色素をもった胸眼といわれる器官をもち、それによって熱水からの輻射を感じ取って、付近の硫黄細菌を食べると同時に、熱水の中に巻き込まれるのを防いでいます。生物は、どんなに厳しい環境でも、生きのびていくためにさまざまな工夫をして、積極的に生きていくことができるのです。

マングローブは、塩水に対する耐性をもつことによって、海沿いの砂泥地に生育し、サボテンは、体内に水を蓄えることによって、乾燥した砂漠に生育しています。北方に棲む動物たちは厚い毛皮によって寒さを防ぎ、肉食の動物は歯を鋭くし、草食の動物は歯を臼のようにし、それぞれ与えられた環境に積極的に適応し、たくましく生きていきます。

それどころか、生物は、自分で環境を改造する積極的能力をもっています。例えば、今から三十五億年前には存在したと思われる最も原始的な光合成生物、藍藻の爆発的な増殖は、それまでの原始大気中にも原始海洋中にもなかった遊離酸素を大量に放出し、この地球を酸素で覆いました。そのために、その酸素を利用して生きる好気性生物を生み出し、さらに、そこから進化してきた植物や動物が陸上へ進出していくことさえ可能にしたのです。生物は、積極的に環境を創造していく力をもっています。生物は、この生物自身によってつくられた環境に適応して、さまざまな進化を遂げていったのです。

地衣類は、光合成をする藻類と光合成をしない菌類との共生体ですが、この原核生物の群体も、岩石を土壌に変え、さまざまな生物が生きていく土台をつくってきました。多様な生物が生成してくるための環境を、地衣類はこの地球上につくりだしたのです。生物にとっての環境は、単に、光や温度、空気や水、各種元素によってつくられる物理的な空間だけを意味しません。確かに、このような一次環境なくして生命現象は成立しませんが、しかし、生物にとっての環境は、この生物自身がつくりだす二次環境をも含みます。わたしたちが住む地球環境は、物理環境ばかりでなく、原始的な生物がつくる土台の上に、種々さまざまな植物や動物が互いにかかわり合い関係し合ってつくられる自然環境全体を含んでいます。

生物は、環境に対して受動的に反応するばかりでなく、さらに、環境に対して積極的に適応し、さらに、環境をつくり変えていく能動的力をもっています。生物主体は、よって環境と相互作用し、自己を維持していきます。と同時に、自分自身が住む環境を形成し、その環境に適応して、また新しい形態の生命体を生み出していきます。無数の個体は、自分自身が生息する場に影響されて自分自身を変えていくとともに、そのことによって、また、みずからの場を変え、変えられた場によって、また、みずから変わっていきます。生命とは、主体と環境の、個と場の重々無尽の流動そのものなのです。

動物にとっての環境

生命体は、受動と能動の二つの作用を通して環境とかかわり、この環境との相互作用によって、生命現象は営まれていきます。このことは、動物世界では、具体的に、その身体構造や行動となって現われます。動物は、単純なものから高等なものまで、それ相応に感覚器官をもっており、それによって外界の環境を知覚します。そして、この知覚像を頼りに、手足などの運動器官を使って外部の環境に働きかけ、環境そのものをつくり変えていきます。動物は、この受動と能動の二つの器官を複雑に絡み合わせて、環境をとらえ、環境に適応し、環境を構成します。しかも、単純な動物は単純な感覚器官をもち、それに基づいて、単純な知覚像を環境から選択します。彼らは、それを頼りに、単純な運動器官によって環境に働きかけ、単純な環境世界を形成します。

複雑な動物の場合は、同じようにして、複雑な環境世界を形成します。

この点では、すでに、ユクスキュルが、『生物から見た世界』(第一部序論)の中で、すぐれた考えを提出しています。動物主体が知覚するすべてのものによって知覚世界(Merkwelt)が出来、動物主体が行なう作用のすべてによって作用世界(Wirkwelt)が形成され、この二つの世界が一つのまとまりのある統一体をつくって、その動物の環境世界(Umwelt)が形成されると、ユクスキュルは考えました。しかも、この環境世界は個々の動物によってそれぞれに違っており、主観的なものであると考え、それをつぶさに実証したのです。

例えば、ユクスキュルが例示したダニの例でみても、この主体と環境の構造は歴然と現われています。この目をもたない動物は、皮膚全体にある光を感ずる機能、皮膚光覚によって、灌木の枝先へ登っていく道筋を見つけます。そして、枝先で待ち構えているときに、枝の下を哺乳類が通ると、その皮膚腺から出てくる酪酸の臭いをかぎ分け、これを知覚すると、すぐさま足を放して下へ落下します。そして、動物の体の中に入り込み、触覚を助けにしてその皮膚組織に食い込み、血を吸います。このダニの場合でも、ダニの皮膚光覚や嗅覚や触覚は、それ自身が知覚すべき知覚像を環境から正確に切り取り、これを足などの作用器官に伝えます。さらに、この作用器官は、哺乳動物という環境世界の作用像と正確に結びつきます。昆虫の正確な行動は、このような知覚像と作用像、知覚器官と作用器官の単純な組み合わせによって行なわれるのです。

わたしたち人間の場合も、身体に備わっている複雑な知覚器官を通して、環境から人間独自の知覚像をえ、運動器官を通して、人間独自の作用像をつくり、両者を合わせて、人間独自の環境世界を形成しています。ダニは人間の環境世界を知りませんが、人間もまたダニの環境世界を見ることはできません。物質も生物もすべてを含んだ環境の中から、それぞれの個体に特有の知覚器官と作用器官によってとらえられた主観的な環境世界、それが動物にとっての環境なのです。しかも、ユクスキュルが言いますように、知覚器官と作用器官は相互に影響し合い、知覚標識と作用標識も密接に連関して、その動物独特の環境世界を形成します。こうして、ちょうど鍵と鍵穴のように、動物主体は、その環境世界とピッタリと組み合わされているのです。

確かに、動物の内的世界では、環境に対する受動性と能動性が複雑に絡み合って、その動物独特の環境世界が形成されているようです。特に、環境に対する受動性から能動性への転換の際に、動物の内的世界に働く動機として、衝動とか気分といわれるものは重要な働きをしているようです。

例えば、ハシボソガラスは、冬の間は群れをなしていますが、春になると一つがいずつに分かれます。それは、気温の上昇とか植物の芽吹きとかの外的刺激がハシボソガラスの内的世界の気分を変化させ、繁殖のための衝動を起こさせるためのようです。そのことによって、一つがいずつへの分散という行動が現われてきます。ところが、ミヤマガラスの場合には、逆に、春になると大きな繁殖集団を結成します。しかも、ハシボソガラスの場合でも、ミヤマガラスの場合でも、このまったく反対の行動を起こすホルモンは、まったく同じ性ホルモンだといわれます。ホルモンが同じなのにまったく違った行動を引き起こすというところに、生命体を物理化学的法則によっては説明できない根拠があります。同じ春という動機、同じホルモンという原因があっても、それを受け取る動物の気分の違いによって、行動は正反対の形で現われるのです。

動物は、それぞれの種に応じて、環境世界と内的世界の複雑な相互関係によって動機づけられています。環境が変化しても、動物が取ることのできる行動はさまざまで、一律に決定されるものではありません。すべては、動物の内的気分と環境世界との相互作用によって出てくるのだとみなければなりません。

モンシロチョウの雄が雌を見つけ出して性行動を起こすのは、雌の羽が反射する紫外線と羽の裏の黄色っぽい色がリリーサー（解発因）になって、その行動が解発されるからだといわれます。このような動物の行動を引き起こすメカニズムも、物理的な法則に則《のつと》ってつくられているのではありません。古典物理的には、初期条件さえ決まれば、多くの場合、結果は自動的に決定できます。しかし、動物をはじめ、生命体は、一般に、自分自身に与えられている環境を、触覚や嗅覚、視覚や聴覚など独自の感覚器官を用いて自分なりに切り取ってきて、それを自分の内的世界の中で解釈し直して、独特の行動を環境世界に対して表出するのです。そこには、生命体の主体性と能動性があります。単なる物理的な法則では生物の行動を説明できないのは、そのためです。

しかも、ユクスキュルの『生物から見た世界』（第一部第七章）によれば、動物がそれぞれ独自の環境世界を形成する上で、その動物の感覚器官だけが影響するだけでなく、その動物がもつ作用器官つまり手足などの運動器官の果たす役割は大きいといいます。動物は手や足を使って外部環境に働きかけ、そのことによって、また、自分自身の環境世界を形成していきます。そのため、動物が環境世界内で区別できる対象の数は、動物が外部環境に対して行なうことのできる行動の数だけあるといわれます。動物が描く環境世界の作用像は、動物が行なうことのできる行為の投射なのです。しかも、その作用像が知覚像に意味を与えることによって、その動物独特の環境世界は出来上がります。動物のもつ運動器官は、外部環境を工作する道具であるばかりでなく、外部環境を認識する道具でもあります。目ばかりでなく、手や足も外界を見るのです。

このようにして、各動物は、その種独自の環境世界をもちます。環境世界は動物の数だけ存在することになります。わたしたち人間は、人間の立場から環境をとらえていますが、動物の立場に観察の視点を移して考えれば、動物たちは、それぞれ異なった感覚器官や運動器官によって、環境からまったく別々の意味をとらえ、まったく別々の経験をしていることが分かります。動物にとっての環境とは、その動物によって主体的に体験される環境なのです。

生命の世界

生物は、生きていくために環境を必要とします。しかも、生物は、その種や形態に応じて、それぞれ独自の環境世界を環境から選び取っています。物理的な空間構造があらゆる生物にとって共通な環境なのではなく、各生物は、それぞれの組織に応じて、固有の空間を選択しているのです。各生物は、環境の中から、自分にとって意味のある環境世界だけを切り取ってきて、その中で生活します。環境世界は、生命体を守り育む子宮のようなものです。各生物にとって、環境世界は客観的に存在するものではなく、それは各生物がつくり出す主観的な作品なのです。

例えば、ユクスキュルが『生物から見た世界』(第一部第四章〜第五章)の中でみごとに解明しましたように、原生動物の一種ゾウリムシにとっては、同じ水の中に棲む他の原生動物をはじめ、どんなものでも、すべて障害物としてしか認識されず、逃避の対象にしかなりません。唯一、餌になるバクテリアに行き当たったときだけ、静止してそれを食べます。ゾウリムシにとっては、人間が顕微鏡で眺める水中の複雑な世界は存在せず、その単純な構造に見合うだけの単純な環境世界、つまり障害物と餌と水によって構成される環境世界しかないのです。

また、海に棲むウニは、水平線が暗くなる度に棘《とげ》を動かしてこれに反応しますが、それは、夜を認識するからではありません。実際、雲に対しても、船に対しても、魚に対しても、同じ行動をとります。目をもたないウニにとっては、雲にしても、船にしても、魚にしても、すべて同じものとして認識されており、それらの区別はされていません。

同じように、海に棲んでいるイタヤガイにとって、ヒトデは危険な敵ですが、ヒトデが静止しているかぎりは、イタヤガイはこれを認識できません。ヒトデが動き出したときだけ、これを認識し、触手を突き出して、ヒトデを確認し逃げ去ります。イタヤガイの目は、ヒトデの色も形も知覚できず、ただ、ゆっくり運動しているもののみを知覚することができるだけなのです。イタヤガイにとっても、至って簡単な環境世界が存在するだけなのです。

各動物は、自分自身にとって意味のある事物しか見ないし、同じ事物でも、それぞれ別の性質を見ています。同じ一つの対象でも、いろいろの生きものによって、まったく違ったしかたで認知されているのです。例えば、ユクスキュルが『生物から見た世界』（第一部第十三章）で例示していますように、一本の柏の木も、樵《きこり》にとっては、立派な材木として映りますし、少女にとっては、時には木の精が住む悪魔にも見えます。また、キツネにとっては、よいねぐらとして映り、フクロウにとっては、その枝が保護壁の役割を果たし、リスにとっては、スプリングボードになり、アリにとっては、その樹皮がよい猟場を提供し、カミキリムシにとっては、よい産卵の場となり、ヒメバチの幼虫にとっては、餌になるカミキリムシの幼虫がいるよい餌場になります。

同じ一つの対象物も、各生物によって意味が千変万化するのです。人間の見ている対象も、他の動物にとっては見えなかったり、別の意味をもって受け取られています。同じ一つの世界も、無数の生命体によって、無数の環境世界として映し出されています。生命の多様性は、一から多へ、一つの原理が無数に枝分かれして、多くの種に分岐することによって生じますが、この生命の無限の展開に応じて、世界も無数の環境世界に分かれ出ます。無数の環境世界に分かれることによって、一つの世界は出来ているのです。一は多であり、多は一なのです。

しかも、各生物は、自分が認識する外の環境世界を、自分自身の内的世界に鏡像のように映し取っています。環境世界は、生物の外に存在するだけでなく、内にも住み込みます。そのような形で、主体と環境、生命体と環境世界は一つになります。生命体は、内なるものを身体器官として表現し、それを環境に投影して、自己の環境世界をつくります。そのことによって、生命体は環境と適合します。生物がそれぞれにもつ環境世界は、このようにして生物自身の一部であり、その生物自身と切り離すことができません。単細胞生物から高度な植物や動物に至るまで、それぞれが自分自身の環境世界をもつという形で、環境を知り、環境をわがものにしています。こうして、大自然と生命体は一つであり、一つの世界をつくっているのです。

この一つの世界は、生命体によって無数に切り分けられた主観的な世界から出来ています。これら無数の主観的世界が互いに影響し合い、映し合い、巧妙に組み合わせられて出来上がっている万華鏡のような世界、それが生命の世界なのです。生命体は、まず、自分自身の身体の形態と構造の中に、世界を自分流に切り取ってくる機能を表現します。そして、この身体を通して、世界を、自分自身の環境世界の中へと限定します。こうして、無数の生命体がそれぞれに自分自身の環境世界をもち、それらが補完し合い、相互作用を行なって、全体の生命世界が形成されているのです。

数限りない生命体は、全体の生命世界を映すモナド*であり、生命体が描く環境世界は、そのモナドの表現です。しかも、この生命体のモナドは、相互に作用し合い、連関し、映し合って、全体世界をつくりあげています。生命体は、このような世界を、他の力を借りずに、おのずとつくりあげていきます。その意味では、無数の生命体一つ一つが、おのずと生ずる宇宙の生命を生きているのだと言えるでしょう。

〈自然〉という言葉が、おのずと生ずる生成の世界を意味するとすれば、自然の世界は、物質も生命も含めた重々無尽の世界であり、相互作用の世界であり、それによって成り立つ全体です。ここでは、全体は、部分部分の独自の働きとその相互作用によって生じ、部分は、全体の秩序と調和の中で働き出て、全体を映し出します。すべての生命主体は、このようにして世界を映し出し、この生命主体によって表現される無数の世界によって、世界は成り立っています。

生態系

世界の中の諸要素が世界を映し出し、そのことを通して諸要素が相互に作用し合って、調和のある世界を形成していきます。地球の生態系は、このような世界の具体例です。地球上の生態系には、生物的要素と非生物的要素がありますが、両者を合わせて一つの有機的な体系としてとらえたものが生態系です。その中では、生物的要素と非生物的要素が密接に連関し、また、生物的要素同士も密接に連関し合っています。そこでは、さらに、一つの構成要素の変化は、他の多くの構成要素に直接・間接深い影響を及ぼします。生態系の世界は、要素間の相互作用が融通無碍に行なわれている世界なのです。

植物や動物や微生物など、各生物は互いに関係し合いながら、水・空気・土壌・岩石・二酸化炭素・酸素など、周囲の無機的環境とも連関し合って、一つの体系をつくりあげています。そして、それらの間には、物質やエネルギーが絶えず循環しています。この生命体間の物質やエネルギーの循環が阻害されると、生命現象も阻害されます。しかも、この生態系は幾重もの入れ子構造になっています。池や沼や海辺も一つの生態系であり、それらを含む陸上や海洋も大きな生態系であり、さらに、それらを包含する地球全体も一つの生態系です。これらの生態系は、それ自身生きたものであって、物理化学的に固定されたものではありません。それらの各部分は絶えず動いており、そのリズムがまた生態系全体にも広がり、生態系は絶えず変化し、流動していきます。生態系は、外部からの変動に対しても、内部からの変動に対しても敏感に反応して、自ら変化し適応していく生きた生命体なのです。各生命体は、このような大きな生態系の構成要素として、それぞれの役割を演じながら、柔軟に生きていきます。

もっとも、この生態系内部での各生物間の相互作用には、攻撃や防御など、闘争行動も含まれます。実際、この生態系中の生命間の関係には、食う食われるという関係があります。多くの肉食動物は、食物を獲得するために他の動物を攻撃し、他の動物は、食われないために防御行動を行ないます。

自分自身で食物をつくることの出来る植物でさえ、動物によって食われないために、さまざまな防御措置を講じています。サボテンやアカシアなどが棘や針をもっているのは、それでもって動物にできるだけ食われないようにするためであり、多くの植物の葉や茎に種々の毛が生えているのも、昆虫やダニなど小動物から身を守るためです。なかには、イラクサのように、毛の先端から化学物質を出し、哺乳類に痛みや痒みを与えて身を守るものもあります。毒をもった植物は多数ありますが、これは動物から身を守るための工夫だといえるでしょう。

動物も、捕食者に捕まらないために、さまざまな工夫をしています。昆虫が植物の葉や樹皮に良く似た色、保護色をしているのも、昆虫を餌としている鳥類から身を守るためです。ホッキョクグマやライチョウのように、体色が白いものや、冬になると白色になるものがいるのも、捕食者・被食者どちらにとっても、保護色が有効であることを示しています。中南米のヤドクガエルのように、自分が猛毒をもっていることを捕食者に知らせるために、赤・黄・青など、種類によって種々の目立った色彩や模様をしているものもあります。いわゆる警告色です。また、ガの一種のスカシバがアシナガバチとよく似た形、擬態をとっているのも、毒針をもつアシナガバチに自分を似せて、鳥類などに食われることを防御するためです。

このように、生物が営む生態系の中では、食う食われるという関係が縦横にあります。捕食者は、できるだけ被食者を捕らえようとするし、被食者は、捕らえられまいとして防御します。そのような攻撃と防御という相互作用のバランスの中で、調和ある生態系は営まれてもいるのです。

攻撃と防御の関係は、同種族の間でもあります。縄張り行動は、動物の一個体や一つがいや群れが一定の生活空間を占め、その内部に他の個体が侵入してくるのを防御する現象です。それは、直接の攻撃行動のほか、臭いづけなどの間接的な誇示行動によっても行なわれます。これは、食物資源を確保したり、繁殖場所を確保したり、巣作りの場所を確保したりするための防御行動です。

このような攻撃と防御などの相互作用が動物や植物の間で繰り返されているうちに、各生物は、おのずと、自分自身に最も適した棲息場所、ニッチを得ます。しかも、このニッチが複数の生物間で重なる場合でも、各生物は互いに調整して、ニッチを移動させ、共存し続ける場合が多くあります。例えば、植物にとっての資源は光や水分、栄養分などであり、大概の場合は、各植物間で資源をめぐっての競争が起きます。それなのに、熱帯では、極端な所では、一ヘクタールに七百種類もの樹木が共存しています。各種樹木の競争の過程でニッチが細分され、共存が可能になったのです。昆虫に至っては、昆虫の種類ごとに食べる植物の種類が決められているだけでなく、食べる植物の部分も細かく細分されていて、多くの昆虫の共存が可能になっています。一般に、動物の場合、植物食、肉食、腐生食、菌食、雑食など、食性によって食い分けをしており、さらに、それも、棲息場所や食べる部分、食べ方などによって細分され、そのことによって各動物のニッチが決まり、共存が可能になっています。

各動物は、長い競争の結果、食い分けや棲み分けの習性を獲得し、共存することが出来るようになったのです。または、各動物は、食い分けや棲み分けを発見にすることによって、過度な競争を回避し、共存を可能にしてきたのです。闘争と共存は表裏をなしています。動植物の営む微妙巨大な生態系は、内にそのような緊張をはらみながらバランスをとっている共存体なのです。

植物と動物、あるいは動物同士のさまざまな関係は、この複雑微妙な生態系の調和と共存の具体例です。豆科植物と根瘤バクテリア、イソギンチャクとヤドカリ、アリとアブラムシなどの共生関係はよく知られています。しかし、これらのよく知られた共生関係ばかりでなく、植物は、花粉を運んでもらうためにハチやチョウに蜜を与え、ハチやチョウは、蜜を吸う代わり、花粉媒介者の役割を果たしています。また、樹木は、甘い果実を実らせ、鳥や獣を誘って食べさせ、鳥や獣は、その代わり、樹木の種を遠方まで運んで、糞とともに排出します。このようにして、植物と動物も共生しているのです。動物や植物や微生物がつくる広大な生態系そのものが、一つの巨大な共生体なのです。

確かに、この巨大な地球上の生態系は、食物連鎖を通して、食う食われるの関係にあります。光合成あるいは化学合成を営むバクテリア類や緑色植物は、生産者として、炭水化物や蛋白質などの有機物を生産します。草食動物は、第一次消費者として、これらの有機物を植物から直接摂取し、肉食動物は、第二次消費者として、この草食動物を栄養にします。そして、この消費者の層は幾重にも存在します。しかし、これら生産者や消費者の遺体や排泄物は、バクテリア類や菌類など、分解者の働きによって、無機物質に分解され、再び生産者が利用できるようになります。このような食物連鎖を通して、地球上の物質は循環し、生態系を成立させています。

無数の生命体を通って、水が循環し、炭素が循環し、窒素が循環し、栄養塩類が循環します。それらは、数限りない生命体を養うとともに、生命体と生命体を結びつける複雑微妙な生態系をつくりあげています。さらに、この物質循環を通して、太陽や地球内部に発するエネルギーは、各生命体を通って流れていきます。このエネルギーの流れは、各生命体の活動を可能にするとともに、各生命体を結びつけ、生態系を可能にする力です。こうして、原始的なバクテリアも、原生生物も、植物も、動物も、人間も、物質の循環やエネルギーの流れに貫かれて連続しています。そのような意味で、地球上のあらゆる生命体は、それを取り巻く自然と一つなのです。生命世界は、循環の中で連続しています。

この宇宙は、原始的な原核生物から高等生物に至るまで、無数の生命体として、この地球上に自分自身を表現しています。生命体がもつ身体とその器官は、自己を自覚しようとする宇宙の表現です。各生命体が感覚器官や運動器官を通して世界を映し取り、独自の世界像をつくりあげているのは、宇宙の自己自覚を生きようとしているからでしょう。この生命体の受動・能動二作用が結びついてつくられる独自の環境世界は、各生命体がそれぞれの段階で世界を表現しようという意欲に支えられています。

各生命体は、このような独自の環境世界をつくりあげながら、他の生命体と密接に連関し、相互に作用し合います。一は多を映し、多は一を映しています。各生命体が相互に映し合い、作用し合うことによって、生命世界は成り立ちます。それは、具体的には、地球上の生態系となって現われますが、この複雑微妙な生態系は、それ自身、重々無尽の宇宙の自己表現なのです。

生命を生み出さなかったなら、宇宙は永遠に孤独だったでしょう。

2　生命と持続

空間と時間の出会い

生命体は、まわりの環境と、物質やエネルギーや情報の交換をしながら、自己を自動的に維持する開放系です。この場合、生命体は、周囲の環境から物質・エネルギー・情報を取り入れ、また、それらを周囲の環境へ排出しながら、自分自身の形態や構造や機能を一定の状態に保ちます。しかし、だからといって、生命体は、まったく同じ状態をいつまでもかたくなに維持しているわけではありません。それどころか、生命体は、物質やエネルギーや情報を出し入れしながら、常に変化していきます。

わたしたちの人体でも、細胞は絶えず入れ代わり、更新されながら、一定の形態、構造、機能は保たれていますが、他方、ゆっくりしたしかたで、幼児期から児童期、思春期から青年期、壮年期から老年期、そして死へと、休むことなく、その形態や構造、機能を変えていきます。生命体は、片時も同じ状態にとどまることなく、常に変化し流動しています。

生命は、空間的に自己を表現しようとするばかりでなく、時間的にも自己を表現しようとする一つの意志です。生命体は、どの瞬間においても、同じ状態であることはなく、絶えず変動しています。そして、その一つ一つの状態を絶えず空間上に表現しながら、時間的にも変化しています。こうして、生命体は、空間的・時間的に、ある状態から別の状態へと移っていきます。しかも、それ以前の過去の状態と、その後の未来の状態を、現在の中に同時に含みつつ変化していきます。

　生命体は、空間と時間が出会う場であり、環境と持続が交差する場です。そのことは、絶えることのない変化と流動という生命の本質から、おのずと出てきます。生命体にとっての空間と時間は、カント*が『純粋理性批判』（超越論的感性論）の中で示したようなア・プリオリ*な直観形式*として、あらかじめ前提されたものではありません。そうではなく、それらは、生命体自身がある一つの形態や状態として自己自身を表現しながら、それらを絶えず変化させていく過程の中で、おのずと生み出されてくる内容なのです。

　生命体は環境との相互作用によって自己を維持していきますが、環境そのものも常に変化していますから、生命体は絶えず環境との矛盾や齟齬《そご》をきたします。そのため、生命体は、この環境との矛盾を克服するために、時間的に変化していきます。それは、個体保存の段階では、代謝という形で現われ、種族保存の段階では、生殖作用として現われ、さらに、種族保存を越えた段階では、進化という形で現われてきます。しかも、その変化の流れは、どの段階でも後戻りするということがありません。生命の時間は、絶えることのない創造の過程なのです。

　常に新しい状態や形態、構造や機能を形成する生命の働きそのものの中に、時空の交差はあります。形成とは、空間上に新しい形を表現することであると同時に、時間的に生成していくことです。時空は、常に接触し連続しています。その接触面・連続面において、創造作用は営まれるのです。

生命の時間つまり持続は、瞬間瞬間の現在において空間と接触するとともに、過去と未来が結びつき、不断の創造が行なわれる場です。西田幾多郎*が「生命」という論文の中でいみじくも例示しましたように、それは、例えば植物の芽というものにおいて見られます。芽は空間的であり、どんなに小さくとも物体的です。しかし、芽は同時に時間的でもあります。それは、現在の瞬間において、過去の種子と未来の茎や葉をすでに内蔵しています。植物の芽の中に、すでに時間と空間の出会いがあり、それが永続的創造を生み出します。生命は時間と空間の結合であり、その結合点で発生する火花なのです。

生命体は、空間的には形態として現われ、時間的には絶えることのない変化・生成として現われますが、生命作用の瞬間瞬間のところで、この空間性と時間性はいつも一つになっています。種々さまざまな生命現象は、同じ一つの時空連続体つまり宇宙の自己表現なのです。時空連続体としての宇宙は、永遠の過去から永遠の未来へ向かって、休むことなく生成変化していく巨大な流動です。一つ一つの生命体は、この宇宙の動きをそれぞれの時点で映し出しています。生命体の中で時空が交差するのは、生命体が、時空の連続面で生成変化する宇宙の象徴だからでしょう。生命は、絶えず変化流動する宇宙を象徴して、間断なく変化し流動していきます。それは、流動してやまない宇宙の自己表現です。ここでは、存在することは生成することにほかなりません。ヘラクレイトス*が言っていますように、万物は流転します。何一つ、一つ所にとどまるものはありません。

相互進化

生命の進化という現象も、空間と時間の出会い、環境と持続の接触から出てきます。生命体は、環境との相互作用によって自分自身を維持するだけでなく、自分自身の形態や構造や機能を積極的につくり変え、進化していきます。環境そのものも時間的に変化していきますから、それに適応するために、生命体は自分自身を改造し、種の限界を越えて、新しい形態を創造していきます。生命体と環境との調和が維持されているときには、形態や構造、機能まで変えていく必要はありませんが、環境との不調和が生じてくれば、それを乗り越えるために、生命体は積極的に自分自身の中から自分をつくり変えて、環境との調和を取り戻そうとするのです。それが進化なのですが、それは、環境と持続、空間と時間の出会いによって起きてくるのだと言わねばなりません。生命体は、時間と空間が交差する場において、自分自身を変え、進化していきます。空間における矛盾を、時間の次元に置き換えて解決していきます。

二つの種または多数の種の相互作用から引き起こされる進化、共進化（coevolution）という現象は、この空間と時間、環境と持続の二重螺旋的な関係をよく表わしています。生物進化の過程では、複数の生物が相互に関係し合いながら進化していく場合がよく見られます。ある生物が進化して新しい環境を形成すると、その影響のもとで、他の生物もまた進化していきます。

例えば、アルカロイドを含む植物とマダラチョウの共進化の事例は、適切な例でしょう。ある種の植物は、毒性のある多量のアルカロイドを生産することによって、チョウの幼虫に食われるのを防いでいます。ところが、マダラチョウの幼虫は、この毒を消化することができるようになったために、この植物を食うことができるばかりか、体内の毒によって、鳥に食われることからも、自分を防御することができるようになります。そうすると、今度は、このマダラチョウの姿を真似るチョウが現われ、この擬態によって、鳥に捕食されるのを防ぐことができるようになります。他方、鳥の方も、次第に本物と偽物の区別を学び、植物の方も、アルカロイド化合物を変化させて、マダラチョウの幼虫から自分を守ろうと工夫するようになります。こうして、多くの動植物が、より賢くなり、より特殊化していくのだといいます。

ここでも、一つの生物の進化が新しい環境をつくり、そのことによって他の生物が進化していくという現象が見られます。進化においても、空間と時間は螺旋的に関係しています。地球上の生態系は固定されたものではなく、絶えず変動しています。その変動に応じて、植物も、動物も進化していきます。そのことによって、生態系そのものも、長い時間をかけて変わってもいくのです。

今から三十五億年前、光合成を行なう藍藻類の原核生物が地球上に登場してきたことによって、遊離酸素が大量に発生し、地球環境が大きく変わると、この遊離酸素を使って呼吸し、光合成生物を食べて生きる原核生物が現われました。これらも、生命自身がつくる環境の変化が生命自身の進化をもたらす代表的な例でしょう。生命世界では、空間と時間、環境と進化は密接に連関しています。

単細胞の真核生物が生まれたのは、各種の原核生物の内部共生によるのであろうという考えも、生命の場での空間と時間の密接な関係を表わすものと思われます。ミトコンドリア型原核生物やスピロヘータ型原核生物や葉緑体型原核生物などの内部共生という生命の大きな飛躍を生み出したのも、おそらく、各種原核生物の激しい競争という環境があったからでしょう。生命体は、厳しい環境を生き抜くために、共生という方法を編み出し、新しい生存の形態をつくりだしていったのです。

この単細胞の真核生物が多細胞生物に進化していくときにも、大きな生命の飛躍がありました。それは、粘菌の例でも推測できます。粘菌は、食物が十分あるときには、単細胞のアメーバーとして自己増殖を繰り返しますが、その結果、食べ物が容易に得られない環境が出来ると、アメーバーは集合して、一種の多細胞生物のようになり、各部分が分業して働き、食物のあるところへ移動します。これらも、環境の変化が多細胞生物を生み出し、生命のより高度な進化をもたらしたであろうことを予想させる一つの例です。ここにも、空間と時間の螺旋的な関係があります。

植物など、光合成を行なう独立栄養生物がつくりだす環境に適応して、この植物を食べて生きる草食動物が進化し、この草食動物の繁栄という環境から、この草食動物を食べて生きる肉食動物が現われたのも、生命体の中で、環境と進化、空間と時間が螺旋的に絡み合って飛躍が起きていることを証示しています。環境への対応が、未来への発展と創造を生み出すのです。ある環境のもとでの生命の進化は、遺伝子によって決定されているのではなく、生命体と環境との相互作用によって起きます。この相互作用によって、生命体は新しい形態を創造していくのです。

進化という時間面は、環境という空間面と深く結びついています。しかし、だからといって、生命の進化は、すべて環境にのみ左右されているわけではありません。生命の進化は、環境の変化に対する生命体の主体的な対応から生まれます。生命体は、環境という空間面を、生命進化という時間面の中に読み込み、みずから主体的に変わり、新しい形態や構造、機能を空間面に表現します。そのことによって、また、環境もつくり変えられていくのです。ネオ・ダーウィニズム*は、進化の原理を自然選択と適者生存に求め、環境にのみ主導権を与えて、生命体の主体性を度外視しましたが、この考えには限界があると言わねばなりません。環境に適応して進化する生命体には、主体性と自由があります。生命にとっての時間は、非決定的な時間だからです。

環境と持続、空間と時間の螺旋的絡み合いによって新しい形態が生み出されるという現象は、個体発生の段階でも見られます。各器官は、それぞれバラバラに発生するのではなく、相互に作用し合って出来上がっていきます。確かに、遺伝子の中に形態情報はめ込まれているのですが、生命体は、発生の過程で、絶えずまわりの状況を眺めながら、この遺伝情報を選択し、形態形成を行ないます。このことを、ウォディントン*は、後成的風景と名づけました。発生も、進化と同じように、空間と時間の相互作用から起きてくるものなのです。

不可逆性と非決定性

進化にしても、発生にしても、代謝にしても、生命現象は逆戻りや再現の不可能な現象です。生命は、常に変化し、常に生成し、常に発展していく動的秩序です。生命は、いつも、一方向的に不可逆に変化していきます。条件を同じくしても、完全に同じものが、まったく同じしかたで繰り返されるということはありません。不可逆な生命の時間のどの瞬間をとっても、生成発展していく世界の断面が現われます。地球上の生命進化の壮大な歴史も、一つ一つの地点が、生命が新しく辿り着いた到達点であって、後の時代になって、それを実験によって再現することは不可能です。物理化学的な世界では、時間はかなりの部分で可逆的で、条件さえ同じくすれば、何度でも同じ現象を繰り返すことができます。また、時間の方向を逆に設定しても、法則そのものは変わりません。ところが、生命世界では、時間は生きられる時間です。そこでは、例えば、一旦死んでしまった一つの個体と同じものを再び得るということはできません。ここでは、時間は常に発展的であり、形成的であり、創造的であり、生成そのものの流れの中にあります。

それは、この宇宙そのものが不可逆であり、宇宙そのものが生成発展してやむことがないことの表現でしょう。宇宙そのものが、その始元から絶えず変化し、進化し、生成してきました。宇宙そのものが不可逆なのです。生命現象は、その中で絶えず秩序をつくりあげていこうとする不可逆現象です。片時も同じであることのない生成の流れの中で、時間は不可逆です。だからこそ、それは生きられる時間となります。

そのかぎり、生命現象はどこまでも一回的なものであり、歴史的なものです。生命は、空間上に諸物質を秩序づけて自己表現しますが、それはまた時間上での創造でもあります。しかも、生命進化の長い歴史上で、その都度その都度生み出されてくる生命の表現形式は、一回的なものであり、繰り返すことのできないものです。

なるほど、単細胞生物の分裂増殖などは、何十億年も変わらず、同じことを繰り返してきました。しかし、すべては同じことの繰り返しのように見えても、その一つ一つの現象と、そこから生まれる個体は、一回限りのものであり、本来、再現不可能なものです。同じような個体が次に現われたとしても、それは以前の個体ではありません。かけがえのない個体が分裂し、かけがえのない新しい個体が生成してくるのです。まして、膨大な数の細胞を絶えず廃棄し絶えず生産しながら一つの個体を維持している多細胞生物では、生まれくる個体の一回性は否定することはできません。

確かに、生命進化の壮大な流れの中では、生命の流れが袋小路に入り、それ以上進化できない壁にぶつかってしまうときがあります。そこへ環境の変動が訪れると、生命は個体の発生初期の段階に立ち戻って、新しい形態をつくりあげようとする場合があります。この幼形進化という現象を眺めると、生命進化の流れは決して直線的なものではなく、行きつ戻りつして前へ進んでいくように見えます。生命進化の流れにも、人間の歴史と同じように、復帰と再生とでもいうべき螺旋的な動きが見られます。しかし、それでもなお、その流れは不可逆なものです。一度元へ戻るかのように思われる生命進化の流れも、どこまでも、次の新しい形態を生み出すための助走にすぎないのです。

生命の時間が不可逆で一回限りのものであるとすれば、生命進化の道が将来どのような道筋を通って、どのような新しい形態を生み出すのかということは予知することができません。生命進化が取ることのできる道は無数にあり、樹木のように、どの方向にでも枝分かれしていくことができます。どのような方向へ流れていくかは、その時々の環境と生命主体の相互作用によります。そこには、偶然性が含まれます。そこに、生命進化の不確定性、非決定性があります。生命主体の側でも、この未来予測不可能性に対して、さまざまな用意をしており、さまざまな試みをしています。遺伝子の絶えざる変異は、その一つでしょう。そのようなさまざまな用意をしながら、生命は、その時々に与えられる環境との相談の上で、新しい形態をつくっていくのです。そこにまた、生命の自由もあるのです。

持続する時間

生命の時間は、逆戻りすることができず、一回限りで、将来どうなるかわからないような時間です。この不可逆性と一回性と非決定性という特徴をもった時間は、生命にとっても、ある意味で苛酷な時間と言えます。それは、何度も繰り返しができ、いつでも予測できる機械論的な時間ではないからです。しかし、生命は、このような苛酷な時間を、瞬間ごとに過去を保存し、瞬間ごとに未来を蔵して、絶えず未来に向かって創造していくということによって生き抜いていきます。不断の生成、それが生命にとっての永遠なのです。

生命の時間は、ベルクソンの言うように、持続なのです。一つの生命体は、瞬間瞬間において、自分自身の過去、また、自分自身を生み出したそれ以前の種族の過去、さらに、その種族を生み出した生命進化の膨大な過去を内に保存しています。と同時に、瞬間瞬間が変化であり、新しい未来に向かっての創造であり、形成でもあります。現在の中に、すでに過去が保存され、未来が孕《はら》まれています。生命体は、そのような持続の時間の中で、過去から現在へ、現在から未来へと不断に変化していきます。

持続とは、単に一定のものが変わらずに存続することではありません。逆に、持続とは、自分自身の内に過去を保存しながら、未来に向かって変化し、そのことによって自分自身を創造していくことです。生命の進化も、現在の中で過去を保存し、未来に向かって新しいものを創造していく過程です。その過程は持続に貫かれています。

生命体は、また、代謝によって、古くなったものを廃棄し、新しいものを取り入れ、個体を形成していきますが、この過程は、過去から未来へ、常に自分自身を成熟させていこうとする努力によって成り立っています。その努力こそ、持続なのです。だから、生命の時間は待つことを必要とします。待ちさえすれば、発生にしても、成長にしても、生命体は、時熟する時間を通して、一定の空間の中に、新しい形態を生み出してきます。そして、それが、他の力を借りずに自動的に行なわれます。これはほとんど奇蹟に近いと言えるでしょう。

なるほど、生命体には、個体の消滅つまり死というものがあります。しかし、生命体にとって、死は消極的なものではなく、逆に積極的なものです。生命体は、死を通して新しい生命体を創造し、そのことによって、なお生命そのものを持続させていきます。確かに、生命体には、種族の絶滅という悲劇もあります。しかし、生命は、この種族の絶滅をも乗り越えて、新しい種を生み出し、生命そのものを持続させていきます。これら、生殖とか進化という作用は、生命の時間が持続にほかならないことを証示しています。生命は、絶えず死と再生を繰り返しながら、過去から現在へ、現在から未来に向かって、変化し存続していきます。

持続こそ、生きられる時間です。現在の中に過去と未来が浸透し、片時も同じであることのない持続の時間を、わたしたちは、自分自身の内的生命の感覚の中に見出すことができます。持続する時間は考えられる時間ではなく、感じられる時間なのです。

したがって、この持続としての時間は、その進み方が各動物によって違います。一般に、体が大きく体重の重い動物にとっては、時間はゆっくり進み、ものごともゆっくり起きます。他方、体が小さく体重の軽い動物にとっては、時間は速く進み、ものごとも素早く経過します。だから、各動物にとって、時間のもつ意味はそれぞれ違い、相対的です。すでに、空間が、環境世界として、各動物にとって相対的でしたが、時間も、また、各動物にとって相対的です。時間も、各動物によって、それぞれの身体に合わせて、違ったしかたで映し出されているのです。それぞれに違ったしかたで映し出されている時間が相互に絡み合って、生物の時間世界は出来上がっています。生物にとって、生きられる時間、持続する時間は、感じられる時間であり、主観的な時間なのです。

生命体がもつ記憶も、生物にとってさまざまな形で現われますが、これは、現在のうちに過去を保存し、未来に向かって創造していく生命の持続の最も際立った表現です。生命体の全過去は現在の中に働き出ています。高等動物はもちろんのこと、下等動物も、植物も、原生生物も、個体の近い来歴にしても、種族の遠い来歴にしても、生命体は記憶をもっています。

「個体発生は系統発生を繰り返す」というよく知られたヘッケル*の生物発生の法則は、一生命体が、種族発生にまで遡って、生命進化の長い歴史を記憶していることを如実に語っています。単細胞から、魚類、両生類、爬虫類、哺乳類に至るまでの何十億年という長い進化の過程を、人間の胚も、受精以来約十ヵ月で再現して見せます。人の胚が鰓《えら》呼吸をしている時期があるのも、哺乳類がかつて魚類から進化してきたことを再現しています。

しかも、おもしろいことに、鯨の胚も、初期段階で、魚類のように鰓をもっている時期があります。ところが、鯨の胚は、この水中で生活するには好都合な形質をわざわざ消して、肺呼吸の段階にまで進化し、この機能を、そのまま成体に受け継ぎます。そのため、鯨は、時々海上に上がってきて、潮を吹くことによって肺呼吸をします。それに対して、手足の骨格構造は、哺乳類の段階から、再び魚類の鰭《ひれ》に似たものに変化して、成体になります。つまり、鯨の胚も、海中動物から陸上動物への進化の過程を一度反芻してのち、再び海中環境に適応するために、変貌を遂げます。鯨のような再び海に棲むことにした哺乳類は、その発生の段階で、その複雑な進化の過程を、ある意味で馬鹿正直に反復するのです。

生命は壮大な記憶の体系です。現在生存している各種の生命体は、どれも、この現在の段階で、生命発生以来四十億年という長い歴史を記憶しています。そして、その長い記憶の中から、まったくどうなるか分からない非決定的未来に対して対処していく方法を見出し、新しい創造を行ないます。生命にとっての時間は、このように、現在の中で過去と未来が接触している持続の時間なのです。

意識

この記憶という現象は、動物に至ればますます発達してきます。それは、一つには本能として現われ、もう一つは学習という形で現われます。クモは、親から教えられなくても、本能によって巧みに巣を張ります。ある種の鳥は、親から隔離して育てても、二ヵ月ほどすれば正常に唄い出します。これらは、知性以前の本能という形で、その生命体が遠い過去において編み出してきた生き方を、記憶しているのだと言えます。一方、かなりの数の哺乳動物や鳥では、親から学ばなければ、鳴き方や飛び方、餌の取り方や敵の見分け方を習得できません。しかし、この学習という現象も、記憶という作用がなければできないことです。学習は積み重ねがきき、創意工夫を可能にします。生命体は、本能とか、学習とか、さまざまな記憶作用によって、過去を保存し、未来に開かれています。

高度な大脳をもった高等動物の記憶という現象つまり意識現象は、生命体の時間つまり持続の最も尖鋭的に現われたものです。意識の中で、過去は現在の中に食い込み、未来に開かれています。わたしたちの意識現象を反省してみれば、それが、不可逆で一回的で非決定的な持続そのものであり、生命の流れの中に深く根を下ろしていることが分かります。意識の流れの中では、記憶の中から過去を取り出したとしても、その瞬間、それはもはや過去ではなく、現在の意識に変わってしまいます。さらにまた、現在を意識したとたん、それはもはや現在ではなく、過去になってしまいます。真の現在は、瞬間瞬間において未来へ飛び出してしまっているのです。意識は片時も同じ状態であることはなく、不可逆で、持続そのものなのです。そして、この持続する意識は、目にも見えず、分割することもできず、広がりも形ももたず、部分ももちません。それでいて、それは、身体を動かし、環境をつくり変え、新しいものを形成していく力なのです。

意識は記憶の場に過去を保存し、そこから未来を予見し、瞬間ごとに新しい決断をして、行動を選択していきます。未来は非決定的でどうなるか分かりませんから、意識は、過去の記憶や経験の中から類推して、未来への行動を試みます。さらに、未来はしばしば予期しえないことに満ちていますから、意識は、絶えず自分自身の行動を修正しながら前へ進みます。そして、新しい経験を記憶の中に仕舞い込んでいきます。意識は、過去から現在へ、現在から未来への途切れることのない持続なのです。現在の中で過去と未来が出会って、火花を散らしながら前へ進んでいきます。その意味で、意識は、深く生命の時間に根を張っています。

しかし、このような意識的働きをするのに、発達した脳や神経機構は必ずしも必要ではありません。現に、原始的な原生動物には脳もなければ神経器官もありませんが、しかし、意識的働きをすることはできます。ゾウリムシでさえ、敵や障害物を認識し、それを回避するとともに、食物に出会えば、細胞口からこれを摂取し、食胞の中で消化します。そこには、敵味方の識別作用や食物を食べようとする意欲がすでにあります。ゾウリムシでさえ、すでに立派な意識をもっています。外界に対する反応、認識、決断、選択など、意識に伴う作用は十分備えています。とすれば、意識はほとんど生命とともに生まれ、生命作用とほとんど一つであると言わねばなりません。

この意識作用としての生命作用がより発達していったのが、動物への進化の過程です。魚類から、両生類、爬虫類、鳥類、哺乳類、霊長類、人類へと、進化の系統を昇れば昇るほど、脳神経機構は発達し、それにつれて意識はより鮮明になり、より尖鋭化します。動物は、動き回って餌を見つけるためには、外界の認識をより鋭敏にする必要があり、敵味方の識別を明確にして、自分自身を防御する必要があったからです。

しかし、意識作用は、ただ動物にあるだけでなく、萌芽的なあり方では、植物にも原生生物にも見られます。植物でも、時に虫を取って栄養にするものが現われたりするのは、植物の中で眠っていた意識が目覚めるためでしょう。意識作用は、生命とともに存在します。生命も意識も、過去から現在、現在から未来への持続であり、絶えることのない変化であり、生成なのです。

生命とリズム

しかし、生命の流れが、過去から現在、現在から未来への休むことのない持続であるとしても、それは、ただ単に一直線に進んでいく単調な持続ではありません。生命の流れは、その過程の中で、絶えず振動を繰り返しながら流動していきます。生命の流れは、極く短時間の分子振動から、極めて長時間の地球物理的変動まで読み込み、常に振動しながら進んでいきます。肺は周期的に呼吸を繰り返し、心臓は拍動を打ち、覚醒と睡眠は交互に繰り返されて、命は持続します。生命の流れはリズミカルな流れです。生命にとってリズムは欠かせません。生命の時間は脈打つ時間であり、単なる直線によって表象されるような物理的時間ではありません。そこでは、同じような形のものが同じような間合いをおいて繰り返され、一定のリズムをもって途切れなく反復されます。

人間ばかりでなく、多くの動物がもっている体内時計は、生命がリズムなくしてありえないことの一つの事例です。人間は、外界から閉ざされていなければ、一日約二十四時間で、さまざまな生体現象を繰り返す周期をもっています。サーカディアン・リズムと言われる日周期リズムによって、わたしたちは順調に生きていくことができます。例えば、人の体温一つをとっても、夜明け前が一番低く、夜明けとともに上昇し、夕方が一番高く、夜になると下がり、これを繰り返します。体温ばかりでなく、血圧、心臓の拍動、尿の排出量、酸素の消費量、ホルモン分泌、覚醒と睡眠、その他さまざまな生体現象が、ほぼ一日を周期にして変動しています。海外へ行くと、時差ボケを起こし、体調を崩したりするのは、この生体の概日リズムが狂わされるためです。それは、生まれてから成長するにつれて、生体が、昼や夜、日の出や日没などの外部環境を読み込んで、一日の周期を体内に記憶し習慣化するためでしょう。ここにも、環境と持続、空間と時間の密接な連関があります。

体内時計は、人間ばかりでなく、哺乳動物、鳥類、昆虫、甲殻類などにも見られます。さらにミドリムシのような単細胞生物、ウミウズオビムシのような単細胞の原虫、さらにカサノリのような単細胞藻類にさえ見られます。この体内時計のリズムは、外部環境がどのような状態にあっても、およそ一日二十四時間の周期をもっています。とすると、この体内時計の起源は相当に古く、生命進化の長い歴史をも反映していると考えねばなりません。原始生命の誕生以来、あらゆる生命は地球の自転周期を映し取り、それを生命維持の糧にしてきたのです。概日リズムの一部が、ミバエやマウスでは、すでに遺伝子そのものに刻み込まれているといわれているのは、長い生命の進化の歴史を物語っています。

生命のリズムは、地球の自転周期を反映する概日リズムばかりではありません。月の公転周期を反映する約一ヵ月のリズムもあります。女性の生理や植物の成長過程が月齢に依存していることは、よく知られています。また、月によって起こされる潮の満干も、海中の下等動物、例えばウメボシイソギンチャクには、周期的な影響を及ぼしています。ウメボシイソギンチャクは、上げ潮の六時間だけ触手を開き、引き潮の六時間は触手を閉じています。また、月の公転周期のリズムが正確に記憶されて、一つの生命体に直接現われる場合もあります。例えば、南太平洋の海に生息するパロロムシという環形動物は、一年のうち二日だけ珊瑚礁から出て、繁殖のために尻尾の部分を海面に浮かべます。しかも、その二日が、正確に十月と十一月の満月の前日に当たるのです。

また、地球の公転周期や四季の移り変わりが生命に反映する年周期リズムも、見落とすことはできません。植物の成長や開花ばかりでなく、爬虫類や両生類の脱皮、鳥類や哺乳類の毛変わり、渡り鳥や回遊魚の移動、各種動物の発情、妊娠、出産、冬眠と仮眠、鳥の巣立ちなど、一年や四季を読み込んだ年周リズムの例は数多くあります。

幾種類かある人間の脳波は、一秒以下の短時間の波動によって構成されていますが、これも、一日のうちでも規則正しく交代して現われます。さらに、人間の脳は、一秒一秒を正確に区切り、月齢を記憶し、一年を記憶し、これらを着実に刻み込んで、自分の誕生日や年齢さえ記憶しているといわれています。また、人間の脳は、地球の地磁気の変化とも共鳴しているともいわれています。つまり、わたしたちの脳は、分子振動から月の公転周期、地球の公転周期から地球の磁場までを映し取り、これと共鳴していることになります。

生命ばかりでなく、宇宙そのものが、絶えず振動しており、一定のリズムをもって運行しています。四季の変化、月の満ち欠け、昼と夜の交代、潮の満干、気温の周期、地磁気の変化、太陽の黒点周期など、宇宙そのものがリズムです。生命体は、このさまざまな宇宙のリズムを、何十億年という長い進化の過程の中で読み込んできたのです。生命体のリズムは、宇宙のリズムを反映しているのです。

宇宙と生命

一個の生命体は、鏡のように、宇宙全体を映し取っています。無数の生命体は、それぞれ別々の視野から、宇宙を映し出します。種々の生命体が思い思いに宇宙のリズムと共振しているのは、そのことによります。個々別々の生命個体は、大宇宙を映す小宇宙です。個は全体を映します。無数の生命個体の中に、無数の宇宙の映像があります。人間ばかりでなく、あらゆる生命体が自然の一部であるといわれる最も深い意味は、そこにあります。

しかも、宇宙は動くことなく存在しているのではありません。この宇宙そのものが、絶えず振動し、運動し、流動し、生成変化してやまないものです。宇宙そのものが持続であり、生成体なのです。この宇宙の生成する時間を、生命体も、その持続と変化の中に映し取っています。また は、宇宙の持続する時間が、そのまま、すべての生命体の一つ一つを貫いています。一つ一つの生命体は、いわば宇宙生命の子なのです。

生命体は、空間的にも宇宙を映しています。生命体がもつ身体は、生成する宇宙の空間面への自己表現です。その身体の延長上に、生命体は、それぞれのしかたで宇宙を映し取っています。生命体は、時間的にも、空間的にも、宇宙の子なのです。

宇宙も、時間と空間が交錯するところで、絶えることのない生成流転を演じています。生命体も、それを映して、時間と空間の接触点において絶えず生成変化していきます。生命体は、時間的には持続として、または意識として、空間的には身体として、さらにそれぞれの環境世界として、宇宙を表現します。この時間と空間、意識と身体、持続と環境の接点のところで、不断の生成は生起してきます。それは、生成することが存在することにほかならない宇宙の自己表現なのです。

IV

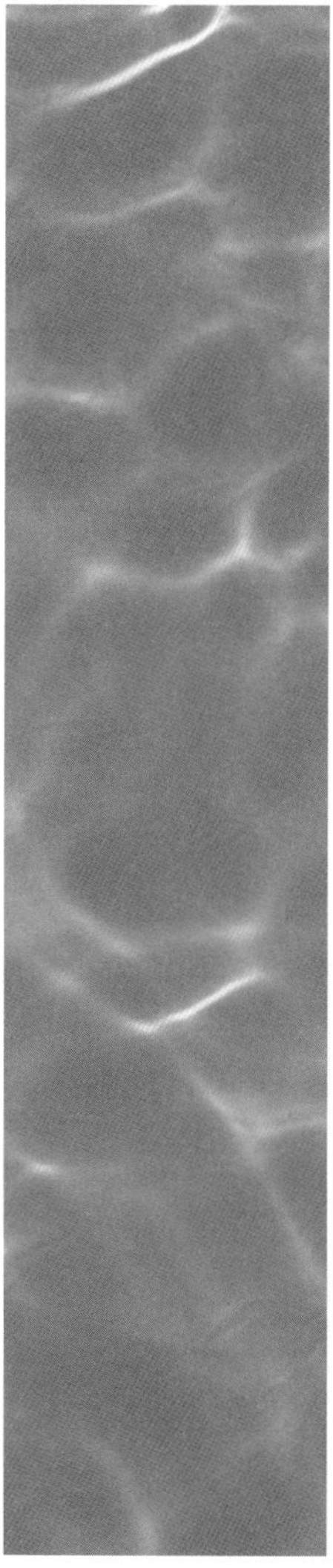

倫理について——徳の諸相

1　信頼と非信頼

変動する徳

昔から、プラトンやアリストテレス、キリスト教や儒教などによって、人間の行為や性格、心構えについてのあるべきあり方として、多くの徳目があげられ、それぞれに系統づけられてきました。信頼・親愛、誠実・正直・温和・謙譲・寛容、節制・勤勉、愛・敬虔・希望、正義・秩序愛・規律、智恵・思慮・賢明・中庸、卓越性・矜持《きょうじ》・忍耐・勇気などは、それらの主なものです。確かに、これらの徳は、人間関係の秩序を保ったり、状況に対応していったり、ものごとを成し遂げていったりするのには必要な徳です。

徳という言葉の意味は、東洋と西洋によっていくらか意味合いが異なります。しかし、大体、その共通するところを見出していくなら、徳とは、人間に本来備わった本性が経験の結果充実してきたもの、人格に備わったすぐれた能力というほどの意味になります。言いかえれば、わたしたちがよりよく生きていくために必要なすぐれた力や性質が徳と言われるものなのです。だから、徳に関する議論は、人間の行為を、主観的側面から、つまり行為する人間の主体的能力または精神の状態の方から、その善悪・優劣を判断しようとします。

もちろん、わたしたち一人ひとりに必要な徳は、人間関係とか共同社会と無関係なものではありません。それどころか、個々人に備わった力や性質、徳は、人間関係や共同社会を秩序正しく円滑に維持していくには、なくてはならないものです。だから、また、徳を、人間の営む共同体の方からみることもできます。この場合には、徳とは、共同社会のあるべきあり方が個々人の行為のしかたの中に現われ修得された人倫的優秀性とみることができます。社会の慣習や法や道徳的規範に合致した行為を行なおうとする意志が徳だとみられたりするのは、このような観点からの徳の定義です。

しかし、人間の営む社会は、宇宙や生命同様、常に変動するものです。そして、社会の変動の局面に応じて、必要とされる徳も変わります。例えば、社会が比較的秩序を保っている状態では、信頼や謙譲や規律、仁や礼が重んじられます。それらは、人間関係や共同社会の秩序を維持していくのに必要な価値だからです。しかし、社会の秩序が動揺をきたし、社会が一つの秩序から別の新しい秩序へ動いていくような変動期にあっては、状況に柔軟に対応していくための徳が必要になってきます。この場合は、思慮とか賢明などが尊ばれることになります。また、無秩序から新しい秩序を形成していかねばならないような状況では、むしろ、矜持とか忍耐とか勇気の徳が注目されることになります。必要とされる徳も状況によって変わり、相対的なものなのです。

実際、何を重要な徳と考えるかということは、歴史的・社会的に変わっていくものです。それぞれの時代と社会の状況によって、重要視される徳はさまざまです。だから、また、社会が大きく変動するときには、秩序状態で積極的価値として評価された価値が、逆に消極的価値に転じ、秩序状態では消極的価値と思われていた価値が、積極的価値に転じてしまうこともあります。

事実、古代ギリシアの歴史家トゥキュディデス*が『歴史』（巻三―八二）の中で語っていますように、革命や内乱の際には、言葉の意味が大きく変動します。無思慮な暴勇が愛党的な勇気となり、先を見通した延引が臆病者のかくれみのとなり、沈着は卑怯者の口実に変わってしまったと、トゥキュディデスは言っています。戦争や革命によって社会が大きく変動するときは、そこで称賛される徳も大きく変動するのです。

わたしたちがもっている価値の表は、それほど秩序立てられ固定されているものではありません。価値は、その時々の状況に応じて適当に選択されてくるものであり、それに応じて評価される徳も変わっていくのです。何をもって徳とするかは、社会の流動変化と相対的・相関的なものとして考察されねばなりません。

信頼の徳

信頼という徳は、その共同社会に比較的秩序が維持されているときに有効な徳です。

例えば、わが国では、急ぎのときには、路上のタクシーを気軽に拾って目的地に向います。このとき、運転手も乗客も互いに相知ることはなく、そこに人間的信頼関係が築かれているというわけではありません。それでも、運転手に行き先を告げれば、運転手はその約束を守ってくれることを、わたしたちは信頼しています。また、運転手の方でも、約束を果たせば、乗客はその代金を必ず支払ってくれると信頼しています。さらに、走行中でも、互いに危害を加えようと思えばできるのですが、通常、そのような心配はしないで、互いに信頼を置いています。

このような信頼という徳が生きている社会では、わたしたちは、相手が予期する通りに振る舞ってくれることを互いに確信しています。さらに、誠意をもって相手に接するなら、相手もまた誠意をもってそれに報いるはずだと、信じ合っています。信頼という徳は、我と汝の間に成り立つ関係を深め強化します。信頼は、人と人との関係をあるべきあり方として成り立たせるものです。と同時に、逆にまた、人と人との関係があるべきあり方においてあるとき、信頼は成り立ちます。しかも、人間が人と人との関係の中でのみ人間でありうるとすれば、信頼という徳は、個々人をもよりよき人格として成り立たせる徳でもあります。

また、個々人の人格の中に互いに他者への信頼があるとき、人間の営む共同社会は秩序正しく維持されます。その社会の成員が互いにどこまで信頼し合えるか、社会的信頼の程度に応じて、その社会の秩序と安定もありえます。信頼のあるところに連帯はあり、連帯のあるところに秩序はあります。その意味では、信頼という徳は、社会が社会として立派に成り立っていく上での大きな財産です。

孟子*の立てた〈五倫五常〉は、人間関係の秩序と緊密さを成り立たせるために、信頼の徳が必要であることを説いたものと言えます。よく知られていますように、「父子に親あり、君臣に義あり、夫婦に別あり、長幼に序あり、朋友に信あり」というのが、〈五倫五常〉です。親子の間には、何より親愛の情がなければなりません。主人と臣下の間には、思いやりや敬う心や礼儀が必要です。夫婦の間には、その役割の区別があり、けじめがなければなりません。年長者と年少者の間には、尊敬の情がなければなりません。友人間でも、信じ合うということがなければなりません。これら、人間関係を秩序正しく維持するための徳、親・義・別・序・信は、総合して考えれば、信頼という徳に集約されるでしょう。信頼があるとき、人間関係は秩序正しく維持されます。と同時に、人間関係が秩序正しく維持されているときには、信頼があります。

逆に言えば、信頼が崩れるとき、人間関係の秩序も維持されなくなります。また、人間関係の秩序が崩れるとき、信頼もなくなります。裏切りという行為は、この信頼の崩壊の最も顕著な例です。昔から、裏切りを悪として排斥し、誠実や正直を尊んできたのはそのことによります。

しかし、だからといって、信頼関係が裏切られるということがないというわけではありません。それどころか、長い人生では、信頼関係が裏切られるということはしばしばあります。それでも、他者を信頼するというのが、信頼の徳です。他者がどのような行為に出るか完全に予測することができないにもかかわらず、他者を信頼するのが、信頼の究極の形です。だから、よく言われるように、信頼は冒険だということになります。人と人との関係は、このような冒険の上に成り立っているとも言えます。

とすれば、信頼という徳は、人間関係と社会を成り立たせる上で、最も重要な徳だということになります。不確実性があるにもかかわらず、互いが誠意をもって接し、相互に信頼し合うこと、それが、社会のよりよい維持のためには不可欠のことなのです。他者を信頼できる者だけが、世界と人を信頼することができます。もしも、他者を信頼することができなかったなら、わたしたちはいつも孤独で、疑い深く、戦々恐々としていなければならないでしょう。

アリストテレスは、『ニコマコス倫理学』（1155a）の中で、親愛（フィリア）の徳を論じ、これを、わたしたちの生活にとって欠くことのできないものとしています。これも、共同社会にとっては信頼が何より大切であって、その信頼は、人々が互いに親しみ、睦み、愛し合うということによってのみ可能だと考えたからでしょう。人間誰でも、親しく信じ合える友をもたずに、生きていくことはできません。また、親愛は国内を結ぶ紐帯の役割を果たし、これによって、国内の人々の協和というものが可能になります。親愛があれば、正義を必要としません。わたしたちの愛は、有用なものや快適なものや善なるものに向かいますが、このうち、善なるものに向かう愛が真の愛であり、しかも、それは、善き人々の間での親愛においてのみ実現されます。アリストテレスは、親愛を、人と人との間と共同社会を成り立たせる最も重要なものとして考察しています。親愛こそ、信頼を形づくるからです。

親愛の最も深いものは、母が子に対してもつ愛でしょう。母は子を深い愛情をもって養育しますから、子は母に対して全面的な信頼を寄せます。そして、この母親への信頼が出発点になって、子供は他者への信頼を学びます。それが人間関係というものを成り立たせ、社会の協和も成り立たせるのです。その意味では、赤子が母親に示す全面的で無防備な信頼ほど、偉大で尊いものはありません。そして、それは、愛によってのみ育まれるのです。逆に言えば、そのような赤子のもつ信頼感を裏切ることほど、罪深いものはありません。

儒教が仁を尊んだのも、仁によってのみ信頼社会は形成されると考えたからです。孔子*の『論語』（顔淵篇）によれば、仁とは人を愛することです。つまり、自分が何かを実現しようとするときには、他人にもそれを実現させ、他人に何かをしようとする場合には、それが自分になされた場合にはどうかと、自分の身の上に引き比べて考えることです。『論語』で語られる仁とは、人と人との間に自然に発露する親愛の情の中に備わるもので、自分自身に誠実に、他人の心を思いやり、自分のわがままをおさえて、自分の欲しないことは他人に押しつけないことです。確かに、このような仁の心が人々の中に育まれているとき、人と人との間の信頼は成立し、社会の協和も成り立ちます。だからこそ、孟子は、仁を、一国の王者が守り行なわねばならない道と考えて、民を愛する政治、仁政を、王道の理想として掲げたのです。

儒教が仁とともに重んじた礼は、仁の客観的表現でした。礼とは、社会の秩序を保ち、人間相互の交際のために人の守らねばならない道のことです。しかし、この礼も、仁を離れてはありえません。人と人の間の仁愛の社会的表現が、礼なのです。だから、また、逆に、仁は礼の定めに従わねばなりません。礼の規則に立ち帰ることが、仁だということになります。愛は形に現われねばならないし、形に現われたものによって裏づけられねばならないのです。人々が礼を大切にし、礼によって互いに譲り合うなら、国家も治まるというのが、孔子の考えでした。

孔子が、仁を背景にした礼によって秩序ある国家を形成することができるとしたのも、それによって信頼に基づいた社会を形成することができると考えたからです。仁も礼も信につながっていきます。よく知られていますように、『論語』（為政篇・顔淵篇）の中で、「人にして信無くんば、その可なるを知らざるなり」「民、信無くんば立たず」と言われているのは、このことをよく表わしています。信頼によってのみ、人と人の関係はよりよく営まれるとともに、そのことによって、秩序と調和のある社会が営まれるのです。信頼の徳が生きているとき、社会は秩序正しく維持されます。

非信頼の徳

しかし、このような信頼の徳が有効なのは、逆に、社会の秩序が比較的維持されている状況においてだとも言えます。社会の秩序が崩れたなら、信頼の徳も崩れ去るでしょう。信頼がなくなることによって、社会も崩壊しますが、社会が崩壊することによっても、信頼はなくなっていきます。しかも、人間の営む社会は、いつも、秩序から混沌へ崩れ去る可能性をもっています。社会も無秩序化し、信頼も崩れたとき、それでもなお生きのびていかねばならないとすれば、わたしたちはまた別の徳を必要とすることになるでしょう。とりもなおさず、非信頼という徳です。「人を信用するな」「用心深くあれ」という教訓です。

なるほど、他者を信頼するということは大切な徳ですが、しかし、現実の社会にあっては、その信頼が裏切られるということがしばしばあります。いつも、他者が信頼できるわけではありません。実際、世の中には、広告や商売や投資や儲け話、時には結婚話、いろいろなところで、詐欺という行為があります。これは信頼社会を逆に利用したものですが、また、信頼社会の中に巣くっている非信頼社会、秩序の中に潜在している無秩序とも言えます。この場合、確かに、人を欺き騙すことは悪には違いないのですが、しかし、現にそのような悪があることを前提するなら、詐欺に引っ掛かり、裏切られ、騙される側の方も愚かだということになるでしょう。ここでは、むしろ、非信頼の徳つまり用心深さ、注意深さが必要だということになります。

事実、秩序ある社会でも、社会の機能には、信頼よりも非信頼を前提にし、それに基づいた機構があります。もともと、法体系があり、刑法や商法の取決めがなされていることは、現実社会に殺人や傷害、詐欺があることを前提にしています。また、その法を守るための警察機構が設けられているのも、そのことを前提しています。民間にあっても、わたしたちは、会社の警備を警備保障会社に依頼したり、損害保険を掛けたり、家に鍵をかけたりしています。これは、非信頼を前提にしていることなのです。

わが国ではまったく見られませんが、犯罪の多いアメリカでは、タクシーには、乗客と運転手の間に金属でできた仕切りがあり、金銭のやり取りも、その出し入れ口で行なわれます。これも、乗客と運転手の間の非信頼を前提したものであり、互いに用心深くあるためのシステムなのです。

無秩序を内包した社会にあっては、信頼という他者依存の徳よりも、用心深く賢明に振舞う自己依存の徳の方が有効だということになります。

さらに、人の営む社会は絶えず変化しています。そのため、わたしたちが依存しているルールや約束が守られるとは限りません。状況に応じて、事情は変わっていくからです。信頼という徳は、単に他者を信じるだけではありません。それは、自己と他者の関係において、未来に対して、これを予測可能なものとして、まえもって決定的態度を取ることを含んでいます。しかし、状況が変わっていくときには、このような信頼は有効ではないということになります。人や未来をあまりにも信頼しすぎるということは、みずから裏切られることを招くことにもなります。常に変化する状況を考慮し、そこで生きのびていくことを考えるなら、信頼よりも、独立自尊を前提にした慎重さの方が要求されることになるでしょう。

わたしたちの人生と社会は、常に変転していくものです。他人の考えも、私自身の考えも、一年後、二年後にはどうなるか分かりません。とすると、他人にしても、私にしても、約束したことを守れるかどうかは、不確実だと言わねばなりません。このような状況にあって、なお約束が守られると信頼することは、むしろ軽率なことです。常に変転する人間社会にあって、なお絶大な信頼をもち続けている者がいるとすれば、それはよほどの聖人か愚か者だということになります。

通常の常識ある人間なら、この世ではしばしば信頼は裏切られるということ、ものごとは当てにならないということを覚悟した上で、その用意をしておくのが賢い生き方だということになります。そのような賢明さをもっていれば、たとえ少々の裏切りにあっても、人は絶望しなくてすむのです。社会は、いつも秩序ある状態にあるのではなく、常に不安定な中にあり、絶えず変動しています。変動する社会にあっては、それに応じた倫理が必要になります。そして、その倫理は、かなりの部分、非信頼ということを前提にしなければならないでしょう。

このような非信頼を前提とした生き方が必要になってくるのは、今日では、特に国際社会においてです。今日の国際社会には、確かに、多くの多国間条約や二国間条約が網の目のように張り巡らされており、ある程度、信頼社会が構築されているようにも見えます。しかし、今日でも、国際関係は、本質的には、国益と国益の利害打算のみによって動いています。条約も、国家間の利害打算によって結ばれます。しかも、国際関係は休むことなく動いていますから、この利害関係は絶え間なく変動していきます。同じ一つの国家の国益も、時代の変化とともに変動します。だから、国家間の条約も無意味になり、時には破られることもあります。そのような状況で、なお国際信義を守って、他国を信用し、結ばれた条約を信頼していたなら、自国の国益を損なうことにもなるでしょう。国家間の条約は時に名存実亡になったり、破られたりすることのあることを前提にした上で、国家の指導者は、これに柔軟に対処していかねばならないのです。ここでは、信頼よりも、非信頼が原理になっています。

個人間にあっても同じようなことが言えますが、国家間ではなおのこと、ものごとは絶えず変化しますから、契約も往々にして破られることがあります。国際政治は、むしろ、国家間の不信によって成り立っているとも言えます。ここでは、戦国時代の武将の生き方と同じように、信頼よりも不信に基づいて、抜け目のないしたたかな生き方をしなければなりません。国際社会ばかりでなく、現代社会は、相当部分、信頼の喪失によって成り立っています。信頼の失われた社会で生存していくためには、それなりの生きる知恵というものが必要なのです。常に変動する自然界においても、あまりにも気のいい生物は敵の餌食になり、絶滅してしまいます。どのような社会にも、無秩序は内包されているのです。

イタリア・ルネサンスの激動期を生きたマキアヴェリも、*『君主論』(一八)の中で、君主は必ずしも信義を守らなくてもよいと述べています。マキアヴェリによれば、信義などまるで意に介さず、奸策を用いて人々の頭脳を混乱させた君主は、かえって大事業を成し遂げ、結局、信義に基づく君主たちを圧倒してきました。だから、信義を守ることがかえって自分に不利を招く場合、または、すでに約束したときの動機が失われてしまった場合は、名君は信義を守ることをしないし、守るべきではない。人間は邪悪なもので、信義を忠実に守ってくれるものではないから、君主は信義を重んずる必要はない。君主は、国を維持するために、信義に反したり、慈悲に反したり、人間味に反したり、宗教に反した行動にたびたび出なくてはならないと、マキアヴェリは言います。

マキアヴェリの政治哲学は、人間不信を前提にしており、そこでの厳しい生き方を追求しています。このマキアヴェリの考えに従うなら、信頼を裏切る背信行為も、必ずしも悪徳だということにはなりません。不信の渦巻く戦国時代を生き抜いていくには、君主は野獣のような力をもつ必要があります。名君は、キツネのように罠を見抜く狡猾さと、ライオンのように、狼どもの度肝を抜く勇猛さを兼ね備えねばなりません。逆に、不信の渦巻く厳しい状況にあっても、なお謙譲の美徳をもってすれば相手の尊大さに勝てると信ずる者は、誤りを犯すはめに陥ります。社会状況が安定した秩序状態になく、不安定な無秩序状態にあるときのことを考えれば、マキアヴェリが説く人間不信の哲学も正しいと言わねばなりません。マキアヴェリは、無秩序状態での人間のもつべき徳を主張しているのです。

　中国の戦国時代を生き、その厳しい政治哲学を語った韓非子*も、徹底した人間不信の哲学を語っています。「人主の患は人を信ずるにあり。人を信ずれば則《すなわ》ち人に制せらる」（備内篇）という彼の言葉は、それを簡潔に伝えています。韓非子によれば、君主は、自分の妃や王子でさえ信用してはならないことになります。なぜなら、妃や王子には必ず奸臣が取り入ってきて、結局、君主を排斥するに至るからです。それどころか、妃や王子自身が君主を排斥することもあります。このように、妃や王子さえも信じることができないとすると、その他の者で誰一人信じることはできないことになります。

　臣下も同じです。君主と臣下の間には骨肉の親しみがあるわけではありませんから、君臣の間の水魚の交わりなどといった理想はありえません。君主と臣下は利害を異にしているのですから、臣下はいつも君主に食い込んできて、自分の利益を計ろうとします。だから、君主は、臣下に対して自分の欲望や意志をさらけ出し、臣下につけ込ませてはいけない。君主は、臣下に自分の好みや悪《にく》しみを示してもならないというのです。

韓非子の政治哲学は、人間性悪説に基づく不信の哲学、〈非信頼の哲学〉に裏づけられています。人は自分の利益のためにしか行動しないのだから、人を信じてはいけないというのです。これは、「信無くば立たず」と言った孔子の〈信頼の哲学〉とはまったく逆さまの哲学です。しかし、この不信の哲学は、社会が解体し無秩序化したときには、人が生きる上で必要な人生哲学ともなるでしょう。だから、また、社会が全く無秩序で、人民の性情が劣悪な場合には、孔子が説いた仁の理想も通用しないし、逆に愚かな理想だということになるでしょう。無秩序な状況にあってなお信頼の徳を主張することは、現実逃避の不誠実な考えだということになります。

信と不信

人間の営む現実の社会は、ある程度の秩序をもつとともに、無秩序をも抱えています。秩序の中に無秩序があり、無秩序の中に秩序があり、両方が絡み合って、現実の社会は生成変化していきます。秩序から無秩序へ、無秩序から秩序へ、現実社会の変動に応じて、倫理も、また、信から不信へ、不信から信へ、信と不信が交互に錯綜しながら、社会の生成を表現します。とすると、信頼とともに、非信頼という徳も、同時に必要なのだということになります。

高い塀の上から子供を飛び降りさせるとき、日本人の父親は、飛び降りてきた子供をしっかりと抱きしめてやります。ところが、ほんとうかどうかは知りませんが、ユダヤ人の父親は手を放し、子供を地面に落ちるにまかせ、「人を信用してはいけない」と教えるといいます。日本人は信頼の徳を教え、ユダヤ人は非信頼の徳を教えます。しかし、どちらも生きる上での徳であり、倫理であることに変わりはありません。どちらが生きる上で必要な徳になるかは、状況によります。変動する社会での動く倫理、生きた倫理というものを考えねばならない理由がここにあります。

社会学者のルーマン*は、『信頼』（第四章）の中で、信頼の問題を、複雑性の問題との連関で考察しています。ルーマンによれば、わたしたちが面している環境世界は、おびただしい複雑性をもっています。わたしたちがこれに対処し、その複雑性を縮減するには、わたしたちの社会システムの中に信頼をつくり出す以外にありません。信頼とは、自分が懐いているいろいろな期待を当てにすることですが、これがなかったら、人は外の複雑性に対処できません。わたしたちは、社会の中にいろいろなシステムをつくり、信頼をつくり出すことによって、複雑性を縮減します。とともに、そのことによって、また、信頼そのものを維持していきます。

しかし、それでもなお、社会は最大の複雑性をもち、不確定性を含んでいます。わたしたちは何かを信頼して動きますが、必ずしも、予期した結果が得られるとは限りません。予期に反する結果に遭遇し、期待外れに終わることもたびたびです。信頼は裏切られる可能性をもっています。

このようなときには、逆に信頼したのが悪いのだとされます。複雑で流動的な状況のもとでは、従来通りの信頼を寄せていることはかえって危険だということにもなります。この場合には、むしろ非信頼が必要です。つまり、いつでも予期したことが裏切られる場合のあることを予想して、対策を講じておく必要があります。

わたしたちが住んでいる現実の社会は、信頼と非信頼の中間にあり、状況に応じて、信は不信に、不信は信に代わっていきます。もともと、信頼が社会的機能としての価値をもつのも、非信頼の可能性を認めているからです。しかも、信頼と非信頼は正反対の作用なのですが、ともに社会的な複雑性を縮減していきます。両方とも、複雑性の縮減という観点からみれば、合理性を備えているのです。ルーマンは、信頼と非信頼のダイナミズムの中で、複雑性の縮減という社会的機能を見ています。これは、社会が、秩序から無秩序へ、無秩序から秩序へ、秩序と無秩序が絡み合いながら生成変化していくものだということによるでしょう。ルーマンも、そういう動く社会を見ていたのです。

2　思慮と勇気

思慮と中庸

わたしたちの社会が秩序と無秩序が絡み合って生成変化していくものだとすると、その時々の状況に適した倫理と、それに対応した徳目を考えねばなりません。アリストテレスが、『ニコマコス倫理学』（1140a〜1140b）の中で特に重んじた思慮（プロネーシス）という徳は、人生の変化する状況に合わせながら、自己自身のより良い行為のしかたを追求する実践知でした。ここでは、行為のあるべき基準は必ずしも一般法則や規範そのものにはなく、それをいかに状況に対して適用するかを考え合わせた一種の直観的な判断に置かれています。規範に基づいて何かあることを行なうとしても、どのような時に、どのような仕方で、どのような手段を用いて行なうかを考えねばなりません。この場合には、その行為が置かれる状況を考慮に入れなければならないでしょう。行為が置かれる状況を十分考慮しながら手段や方法を考慮するのが、思慮という徳のなすべきことなのです。

思慮ある人とは、アリストテレスの言うところによりますと、自分にとってよいことがら、ためになることがらに関して、立派なしかたで思量できる人のことです。しかも、思慮ある人は、部分的にではなく、全般的に、どのようなものごとがよく生きるということのためによいのかについて思い量ることができなければなりません。この場合、全般的にあれこれと思い量ることのうちには、当然、自己が置かれている状況に対する考慮も含まれていると考えねばなりません。思慮深さは、熟慮することでもあります。しかも、ボルノウ*が『徳の現象学』(第六章)で言っているところによれば、この熟慮の力には距離をとることがなければなりません。画家は、自分の制作効果の全体を見渡すために、出来上がりつつある絵から身を引くことがあります。ちょうどそれと同じように、進行しつつある状況の中にありながら、そこから距離をとり、攪乱するどのような影響力にも曇らされず、全般的に思量することが熟慮にほかなりません。わたしたちは、差し迫っている状況の渦中にあるときには、しばしば自己を見失い、あるべきあり方を見失いがちですが、渦中にあっても渦中に溺れず、全体を見渡して、適切な行動の選択のできる人、それが思慮ある人だということになります。

わたしたちは、ものごとを為す場合、目的を見定め、そのための手段を考え、自己の能力や置かれている状況を考慮し、思案を積み重ねて、ある一つの行動を選択し、決断します。この選択の適切さに、思慮という徳は働き出ます。

だから、また、思慮という徳は賢明さにも通じます。『徳の現象学』(第七章)によれば、賢明は、いろいろな連関への洞察と鋭い思考を前提としています。賢明な人は、洞察力と思考力を通して、与えられた状況の中で最も適切な道を見出し、人生のさまざまな困難を正しく切り抜けていきます。賢明な人は、また、現在の状況ばかりでなく、将来の状況をも考慮に入れて、それに備えた行動をとりますから、状況が変化しても慌てることなく、適切に生きていきます。賢明さは、わたしたちがよりよく生きていく上で必要な徳なのです。

アリストテレスは、『ニコマコス倫理学』（1140b）の中で、このような思慮ある人の例として、ペリクレスをあげています。ペリクレスは、紀元前五世紀ごろの古代ギリシアのアテナイにあって、貴族会議の権限を奪い、民主的改革を断行した政治家でした。アリストテレスによれば、彼は、彼ら自身にとっての、また、人々にとっての、さまざまな善の何であるかを認識する能力のある人だから、思慮ある人なのだといいます。この辺のアリストテレスの記述を読み込みますと、思慮ある人とは、また、共同社会の規範に習熟しながら、同時に、それを状況に合わせて自由自在に運用し、人々にとって最もよい方向を見出し決断できる人ということになります。

思慮とは何かを考察するには、その反対、無思慮を考察するのも適切でしょう。ボルノウによれば、無思慮な人とは、自己の置かれている状況を十分考慮することなく、自己の衝動だけで動く軽率な人のことです。彼は、自分の行為は知っているが、自分の行為が及ぼす影響の範囲を悟っていません。また、彼は、さまざまな危険を予め慎重に考慮していませんから、自分自身を危険にさらすことにもなります。

このように考えていくと、思慮や無思慮には、常に変化する状況が関係していることが分かります。常に変化する状況と自己の関係を十分考慮に入れながら自己の行為を選択するのが、思慮ある行為と言われ、逆が無思慮な行為と言われるのです。

アリストテレスが思慮とともに特に重んじる〈中庸〉の徳も、理性が情意に命ずる徳ですから、思慮の徳に属するものとも理解することができます。『ニコマコス倫理学』（1106a〜1108b）によれば、徳とは、また、中庸のことであり、過超と不足という二つの悪しき極端の間にあって、正しい中間を保つことです。例えば、勇気は無謀と怯懦《きょうだ》の中間であり、矜持は倨傲《きょごう》と卑屈の、節制は無感覚と放埒《ほうらつ》の、寛容は放漫とけちの、真実は虚飾と卑下の、穏和は怒りっぽさと意気地なさの、機知は道化と野暮の、親愛は諂《へつら》いと不作法の中間です。

しかし、このように、行為においては、何事も中間を考慮しなければならないとしても、その中間は、行為がなされる状況とわたしたちとの関係からおのずと決まってくる中間でなければなりません。行為は、適切な時に、適切な事柄について、適切な人に対して、適切な目的のために、適切な仕方でなされねばなりません。行為のあり方の中庸を考える場合には、そのような状況を考慮しなければなりません。中庸とは、ほどほどという意味ではありません。それは、状況と自己との関係の中で、おのずと出てくる最高の価値なのです。中庸の徳を実現するにも、状況を考慮に入れた深い思慮が必要なのだと言わねばなりません。だから、状況の変化によっては、中庸の取り方も微妙に変動していきます。アリストテレスの中庸の徳も、動態的なものを含むと考えるのが正しいでしょう。

社会は、秩序から無秩序へ、無秩序から秩序へ、秩序と無秩序が交錯しながら変動し、状況は変化していくとしても、それらの変動や変化は、ただ何もすることなく自然と起きてくるというものではありません。社会状況の変化は、わたしたちがその中で行為するということによって起きます。行為は、関係を組み替え直し、連関性を変え、状況を切り開いていきます。とすれば、わたしたちの行為は、変化する状況を十分考慮し、諸連関を深く思慮して、中庸を得て、状況に適応していけば、それで十分というわけのものでもないことになります。ここでは、むしろ、関係を動かし、連関性を変え、状況を新しく切り開いていく積極的行為が必要なのです。

勇気という徳が尊ばれるのも、このことによります。勇気の徳は、西洋でも東洋でも、昔から特に尊ばれてきた徳です。それは、困難に直面しても屈伏することなく、忍耐強く立ち向かい、創造的で偉大な業績を成し遂げる意志の力です。アリストテレスも、『ニコマコス倫理学』(1115a, 1117a) の中で、勇気ある人とは、恐ろしい事柄に当面したときにも、心を乱さないで、然るべくそれに処するところの人であり、苦を耐え忍び、死を招来するような事柄についても、それを恐れるところなく、ものごとを遂行していく人だと言っています。

だから、また、勇気ある人は、ものごとの遂行にあっては、毅然とした態度を持続します。彼は、どんな苦難に面しても、どんな誘惑に面しても、それに屈伏することなく、不屈の精神と強靭な意志力で、自己の決断と信念を断固として守り抜きます。最悪の悲運の中でさえも、誇り高き不動の心を崩さないのが、勇気ある人のもつ徳です。

ボルノウが『徳の現象学』（第五章）で言っていることですが、勇気ある人は、また、ものごとの企てにおいては大胆です。彼は、その時々の常識から人々が信じないことであっても、未知の領域へと突き進む決断を大胆に行ないます。彼が信頼するのは、他者でもなく、他者が言う常識でもありません。彼が信頼するのは、自己自身の計画と熟慮と実行力です。それによって、彼は未来へと突き進んでいきます。

このような勇気の徳は、昔から、歴史的大事業を成し遂げた英雄や、戦いに明け暮れる戦士の徳として尊ばれてきました。彼らはいつも死の恐怖にさらされており、その中で大胆に戦い、事業を成し遂げていかねばならなかったからです。しかし、この勇気の徳は、単に英雄や戦士にだけ要求されるものではありません。新しくものごとを切り開き成し遂げていく必要のあるときには、政治家や学者や経営者、冒険家やスポーツ選手、その他一般市民にも要求される徳でもあります。

勇気の徳を理解するために、逆の臆病を考えてみましょう。臆病な人は、恐怖に対しては命を惜しんで恐れおののき、いつも危険を恐れて退いてしまいます。また、ものごとの実行にあっても優柔不断で、小心翼々として決断力がありません。さらに、困難なことに面しては、忍耐力がなく、すぐに意気阻喪してしまいます。そのような意志の弱さが臆病と言われるものです。臆病では、偉大な仕事は成し遂げられません。

勇気とは、人間が誰しももつ臆病さを克服して、ものごとを遂行していく意志の力です。しかし、だからといって、まったく困難を予測せず、危険を恐れず、命を軽んじて、平然として、ものごとに立ち向かっていけばよいというわけのものでもありません。そのような行動は、しばしば無謀ということになります。だから、アリストテレスは、この無謀と臆病の中間に、勇気の徳を置いたのです。

しかし、また、勇気は、単に無謀と臆病の中間にあって、程のよさを守っていればよいというものでもありません。変化する状況に適応し、単に生きのびていくだけなら、その程度の勇気でも十分でしょう。しかし、極度に困難な状況にあって、それを打開し、新しいものを創造していかねばならないときには、むしろ、無謀とも思えるほどの剛毅が必要であり、傲慢とも思えるほどの大胆さが必要です。また、逆に、極度に困難な状況を切り抜けていくには、時には、臆病とも思えるような慎重さも必要です。

実際、わが国の歴史上でも、例えば大塩平八郎の乱のように、ほとんど狂気に近い無謀な行為が新しい時代を切り開いていったことはしばしばあります。そのような行為も英雄的行為であり、勇気ある行為です。逆に、また、極度な困難と危険に面したとき、あえて兵士たちの命を大事にし、臆病といわれてもなお退却を決断する将軍がいたとすれば、これも、また、勇気ある行為だということになります。

とすれば、無謀も徳であり、臆病もまた徳です。または、無謀も、臆病も、勇気という積極的な徳になることができます。勇気の徳をそのように極端から極端へと振動させ、重点を絶えず移動させるものは、わたしたちが置かれている状況です。状況の違いによって、時には、無謀なほどの大胆さや臆病なほどの慎重さが必要になります。ある意味で、中庸を否定した勇気ある行為が、状況を切り開いていくのです。

しかし、このような勇気は、英雄や将軍にのみ必要な徳ではなく、一般市民にも必要な徳です。まわりの人々がどのように言おうとも、世論の流れがどのような方向に動いていようとも、それに動じることなく、自分自身の信念を持続し、これを断固として主張する勇敢さは尊ばれねばならない徳です。

特に、不正が行なわれているとき、それを指摘することが、逆に人々を怒らせたり、不愉快にさせたりすることであっても、なお、そのことを堂々と主張するには勇気が必要です。そのような主張をすることは、逆に、人から非難され、みずから傷つくことではあっても、あえてそうすることは勇気ある行為です。確かに、わたしたちの日常生活の中では、全体の流れや雰囲気に反抗するよりも、それに逆らわずに、同調する方が安全です。逆に、真実を正直に指摘するのは、かえって身を危険に置くことにもなります。しかし、それでもなお、真実を主張する勇気の中に、真の自己実現はあります。市民的な生活の場でも、勇気は必要なのです。ここでは、他人との関係を常に気にし協調ばかりはかる生き方は、逆に、消極的価値となります。何が価値であるかは、状況によって変動するものなのです。

しかし、このような意味での勇気の徳は、市民の中の英雄も含めて、一般に英雄のもつ徳だと言えるでしょう。困難への挑戦、労苦への忍耐、そういう勇気が英雄を支える徳です。勇気の徳は、より高きを目指す英雄の徳であり、そこには、凡人のはかりえない孤独も隠されています。だから、また、一般市民や凡庸な人々から見れば、困難に立ち向かい辛苦に耐える英雄の勇気ある行為は、時に常軌を逸したもののようにも見えます。勇気の徳のヒロイズムは、必ずしも、優雅でおとなしく、上品で程のよさを心得たものではありません。逆に、それは、時代に抗し、世間に逆らい、凡庸を拒否し、世俗的幸福を否定して、なお新たなものを創造していこうとする例外者や反逆者の倫理です。

だから、また、英雄の行為からは無秩序が生じます。もしも、社会が比較的秩序を保っていて、安定した状態にあるなら、そこで求められる徳は、従順、謙譲、忠実、律儀、服従などであり、英雄の創造的徳の出る幕はありません。しかし、秩序ある社会も、行き過ぎれば硬直化し、自由な生の躍動を阻害します。ここでは、律儀さは、逆に旧態依然とした牢固に変わってしまいます。英雄的勇気が必要になるのは、このようなときです。

なるほど、英雄が何ものにもとらわれずに勇気をもって動くとき、そこには無秩序が登場します。しかし、それは、無秩序から新しい秩序を作り上げていくのに必要な混沌です。勇気ある行為は、一つの秩序から、新しい秩序を創造していきます。一つの状況から、新しい状況を形成していきます。その過程に、無秩序と混沌は介在します。無秩序と混沌から、偉大な創造はなされます。『ツァラトゥストラ』（第三部二）の中で、「勇気は最上の殺害者だ」と言ったニーチェも、そのような創造的徳を強調していたのです。

力としての徳

もともと徳を意味するギリシア語のアレテー（aretē）の語源は、男らしさとか、戦いにおけるすぐれた能力、つまり勇気を意味していました。それが転じて、アレテーは、あらゆるものの卓越性を意味するようになったのです。徳を意味するラテン語のヴィルトゥス（virtus）も、男を意味するvirに由来し、男らしさ、勇気、力を意味していました。そこから、それは、一般にすぐれていることを意味するようになったのです。

アリストテレスの『ニコマコス倫理学』（1106a, 1097b）によれば、卓越性という意味での徳（アレテー）は、「それを有するもののよき〈状態〉を完成し、そのものの機能をよく展開させるもの」です。つまり、そのものの力量というほどの意味です。眼の徳はすぐれた視力であり、馬の徳は早く走ることです。だから、笛吹きでも、彫刻家でも、大工でも、織匠でも、その他どのような技量の持ち主でも、その働きの中によさはあるのだから、そのすぐれた能力や技量こそ、彼らの徳だということになります。そして、そのような卓越性という意味での徳こそ、善と考えられたのです。

アリストテレスが、同じ著（1098a）の中で、「人間としての善（agathon）とは、徳（aretē）に即しての精神の活動（energeia）である」といったのも、そのような意味においてです。このような意味での善は、活動そのものが目的であるプラクシスつまり実践において実現されます。作品を生み出す手段としてのポイエーシス（制作）にあっては、その結果によって善し悪しが問われるのに対して、プラクシス（実践）においては、活動そのものの善し悪しが問われます。しかも、このプラクシスの目標はよく生きるということでした。ここでの〈よさ〉、善は、それ自身を目的とした徳、卓越性のことにほかなりません。すぐれた能力をもち、それを磨き、ものごとを創造していくことこそ、よきことであり、よく生きるということなのです。そのような意味での徳は、また、新しいものを創造し、社会を動かしていくためには、なくてはならない徳だと言えます。

マキアヴェリが『君主論』（一五一三）の中で提示したヴィルトゥ（virtu）という言葉も、ラテン語のヴィルトゥス（virtus）のイタリア語化であり、大事業を達成させる人間のすぐれた性質を表わし、行動の原動力である力を意味します。マキアヴェリにとって、事業が成功するか否かは、その理論の正しさによるのではなく、それを成し遂げる力、意志力、洞察力、決断力によります。マキアヴェリにとっても、徳は力にほかならなかったのです。

なるほど、人間の行為は、自然の循環、すなわち運命に従わねばなりません。この運命の前では、人間の力は無力です。しかし、どのような必然的な力が働こうとも、それに対する人間の対応のしかたによって、結果は変わります。自然が人間に与えている力を活用するなら、人間は、外なる力に直面しても、それを制御する希望をもつことができます。

運命に対する人間の力へのこのような確信が、マキアヴェリを、有名なヴィルトゥとフォルトゥナに関する独特の考え方に導いたのです。彼によれば、フォルトゥナ（運命）は、必ずしも、人間には制御できない必然ではなく、短い瞬間においては、人間は運命を制御する機会をもちます。だから、人間は、運命を制御する力、ヴィルトゥをもたねばなりません。その力こそ、人間のもつ徳でした。運命は変転しても、毅然とした精神を保ちつづけていけば、運命も何の影響も与えません。マキアヴェリが、謙遜とか服従というキリスト教的徳よりも、名誉ある勇気という古代的徳を重んじたのも、人間に運命を切り開く力を確信したからです。

人間の世界は、秩序から無秩序へ、無秩序から秩序へと常に変転しています。比較的秩序の保たれた状態にあっては、信頼とか謙譲とか服従とか忠実というような徳は必要でしょう。しかし、そのような状態はいつまでも続くものではなく、絶えず変化していくものです。そういう状況の変化を考えるなら、そこでは、変化する状況を十分考慮した上で行為のあり方を律する思慮の徳が要求されます。さらに、その状況はただ単に自動的に変化していくものではなく、ものごとの相互連関性の中でのわたしたちの行為によって生起してくるものです。とすれば、そこでは、状況に変化を起こし、事態を切り開いていく創造的行為がなければなりません。また、それに伴う創造的徳がなければなりません。それは、勇気であり、卓越性であり、力です。そのような徳があるからこそ、人間の世界は常に生成変化していくのです。生成するから行為があるだけでなく、行為があるから生成が起きるのです。社会の生成変化に応じて、それが必要とする徳も多様に変化するし、価値も変動していくものと考えねばなりません。

V

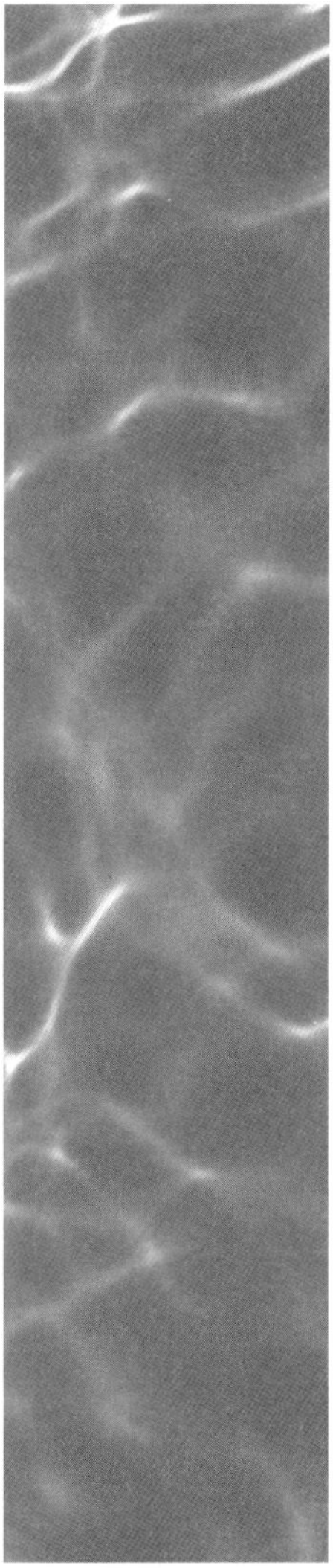

宗教について——命と愛

1　命の世界

宇宙生命

仏教は、仏陀をも衆生をも支配する真理として、法（dharma）*というものを立てます。法は、目にも見えず形もない宇宙の根源的生命です。この根源的生命に生かされてあるということを深く自覚すること、法に生かされてあるということに目覚めることが、解脱や悟りというものです。大乗仏教では、この法を、また、仏の身体としてとらえ、法身《ほっしん》というものを考えます。法身は目にも見えず、形もなく、色も姿もありません。法身とは、色も形ももたない宇宙の根源的な力であり、それでいて、同時に広大無辺な働きをする宇宙の根源的生命力です。それは、目に見えないものですが、まったく何もないものではなく、無限の働きをします。

法身が目にも見えず形もない働きだという面に注目すれば、それは空だとも言えます。しかし、この法身が単なる空であるのなら、なんの働きもしないでしょう。宇宙の真理である法身は、逆に無限の働きをし、万有を万有としている働きです。宇宙生成の根源力は目には見えませんが、無尽蔵な働きであるということを、大乗仏教の法身という考えは表現しています。

真言密教が考える自性法身《じしょうほっしん》は、現象界に存在する一切のものの本来の姿を意味し、時間・空間に制約されない絶対的真理を表わしています。この自性法身こそ、宇宙の根源的生命を表わすものと言えるでしょう。しかも、この自性法身も、すぐさま別の種類の法身となって、衆生を済度すると考えられています。大乗仏教では、一般に、法身からさまざまの働きをする諸仏が現われ出てきます。宇宙の根源的生命は、宇宙万物の中に現われ出て、それらを成り立たせているのです。

法身は非人格的な宇宙の根源的力を意味しますが、これが人格性をもったものとして表象されると、如来となります。如来は、不生不滅であり、増大したり減少したりせず、輪廻することもないと考えられます。宇宙生命は永遠不滅とみられたのです。しかも、如来の真理は、言葉で言い表わすこともできず、人間の力で知ることもできない無限の力と考えられています。

さらに、『華厳経』(如来性起品《にょらいしょうきぼん》)の語るところによれば、如来の活動領域は無辺であり、何一つ遮《さえぎ》るものもなく、清浄・無量で、如来の知慧の及ぶ対象も無量であり、その領域も限りなく、如来の神通力も、無礙《むげ》・自在に働き、一切衆生に及び、これを利益していると言われます。如来の不可思議な知慧の光明は無限に衆生世界を照らし、如来の見る目は限りがなく、すべてを知り、如来の悟りの内容とその働きは、無量無辺だと言われます。宇宙生命の働きは万物に及び、広大無辺なものと考えられたのです。

如来は、大乗仏教の各経典によって、さまざまの名で呼ばれています。『華厳経』では、如来は毘盧遮那仏《びるしゃなぶつ》*または盧遮那仏《るしゃなぶつ》と呼ばれ、宇宙生命そのものを象徴しています。毘盧遮那仏は無限の宇宙そのものとして現われていますが、それ自身は目にも見えず形もない法身仏ですから、毘盧遮那仏自身は説法をするということはありません。しかし、毘盧遮那仏は、光明遍照とも訳されていますように、蓮華蔵《れんげぞう》世界に住み、無限の光明を宇宙全体にあまねく及ぼして、これを浄化する如来とされています。毘盧遮那仏の知慧の光明は広大無辺の宇宙の全方向に及び、それに照らし出されないところはない。わたしたち衆生は、この毘盧遮那仏の知慧の光明に照らし出され、その無限の働きに包まれてさまざまな働きをしており、いつも毘盧遮那仏のただなかに生きています。そして、わたしたちは、そこから出て働くとともに、常にそこへと帰っていきます。毘盧遮那仏は、わたしたち生きとし生けるものがそこから生まれそこへと死していく宇宙の大生命なのです。

この毘盧遮那仏は、密教の奉ずる『大日経』では、大日如来となりますが、大日如来も宇宙の大なる生命を象徴することに変わりはありません。大日如来は、地水火風空識の六大からなる宇宙そのものを身体として、ありとあらゆるものを包含する不生不滅の永遠なる人格体です。この大日如来も、知慧の光明をあまねく発し、すべての生きとし生けるものに平等に慈悲を注ぎます。その活動力は無限であり、種々の仏身となって説法し、衆生を救います。大日如来は、真理を体とする法身仏ですから、永劫の中に時・場所を越え、永遠の真理を説き示します。それは、偉大な教化力と生命力をもった宇宙の無限の働きなのです。

『法華経』の本門の中心をなす「如来寿量品《にょらいじゅりょうほん》」に説かれる久遠実成《くおんじつじょう》の仏も、宇宙の永遠の生命を象徴するものです。「如来寿量品」によれば、釈迦牟尼仏《しゃかむにぶつ》は現世に現われた仏の姿であって、本当の仏は永遠の過去にすでに悟りを開き、以来、衆生を教化し続け、永遠です。本仏の寿命は無限であり、時間・空間を越え、不生不滅です。本仏は人間の目には見えませんが、その神通力は、この世界のすみずみに働き出ています。わたしたちは、この久遠実成の仏の大生命に生かされています。『法華経』の説く永遠の生命をもった久遠実成の仏は、宇宙の永遠の生命そのものなのです。

楽土と仏身

わたしたちは、日常、目前のことに煩わされ、常に何事かにかまけていますから、日常の生そのものの中に偉大な宇宙の力が働き出ていることには気づきません。むしろ、わたしたちの生は、生死に迷い、老病に苦しみ、煩悩に振り回され、怒りや憎しみや怨みに惑う生です。しかし、だからこそ、また、人間はそれを自覚し、この世を苦と汚辱に満ちた世界として思い描くとともに、この世の生を越えたところに、生死を脱し苦を超越した世界を思い描きます。こうして、人間がこの世の無常と苦とを自覚して以来、この世とあの世、此岸《しがん》と彼岸《ひがん》、穢土《えど》と浄土《じょうど》の相対立する二つの世界が、わたしたちの心の中に立てられるに至りました。そして、此岸はますます汚濁に満ちたものとして想像されるとともに、彼岸はますます美しい楽土として想像されるようになったのです。

大乗仏典でも、この永遠の仏が住む楽土は、無数の美しい宝石や花で飾られた荘厳な世界として描かれています。例えば、『華厳経』(十地品《じゅうじぼん》)では、楽土、仏国土は、あらゆる種類の宝玉が散りばめられ、無限の光明に照らし出され、宝玉でできた無数の蓮華《れんげ》が大蓮華のまわりを囲み、美しい音楽が奏でられている素晴らしい世界として描かれています。『法華経』でも、この仏陀の国土は瑠璃《るり》からなり、金の糸で飾られ、宝樹で美しく飾られ、諸菩薩たちが楼閣の中で楽しい生活を営んでいる世界として思い描かれています。仏教の思い描く仏国土の荘厳は、宇宙の生命世界の宗教的表現なのです。

しかし、このような楽土に住む永遠の仏も、この地上に降りてこなければなりません。そうでなければ、衆生は救われません。苦に満ちた穢土《えど》に住む衆生は、苦に満ちているからこそ、救われねばなりません。そのためには、浄土に住む仏は自己自身を限定して、この穢土に現われてこなければなりません。此岸と彼岸、穢土と浄土は、まったく正反対の相異なる世界で、その隔りは無限のように思われます。しかし、同時に、この二つの世界は、直結しているのでなければなりません。反対者は一致しなければならないのです。

現に、大乗仏教では、法身としての仏は報身《ほうじん》や応身《おうじん》となって、衆生済度のために、衆生の前にその姿を現わすと考えられています。法身は、仏の悟りを成り立たせる永遠の真理を、仏の身体とみたものですから、それは目にも見えず、姿形ももちません。だから、それは、煩悩に惑わされている衆生には見ることができません。だからこそ、仏の法身は、報身や応身となってその姿形を現わすのです。

報身とは、菩薩の位にあったときに立てた願と修業の報いとして現世に現われた仏のことです。浄土系仏教が奉ずる阿弥陀仏は、この報身に当たります。それに対して、現にこの娑婆世界に生身の肉体を備え、修業して悟りを開き、衆生済度のために働く仏が応身です。この点から言えば、三十五歳で悟りを開き、説法し、八十歳の生涯を終えた釈尊（仏陀）なども、仏の応身に当たります。逆に言えば、釈尊は、永遠の生命つまり法身が、衆生済度のために、仮に人間の姿をとってこの地上に現われた仏だということになります。『法華経』が、釈尊を、永遠無限の生命をもった仏（本仏）がこの地上に姿を現わした仏（迹仏《しゃくぶつ》）だとみているのは、仏の法身と応身の関係に当たると考えてよいでしょう。仏の報身にしても、応身にしても、法身の顕現と考えられているわけですから、これらは、いずれも、宇宙の大なる生命がこの世界に働き出ているということの宗教的な表現だと言えるでしょう。

密教では、宇宙の大なる生命を大日如来によって象徴し、しかも、この大日如来が現実世界の一切のものの中に存在すると考えます。そのため、密教では、如来から悪鬼・畜生に至るまで、すべてを大日如来の身体と考え、これを四種に分けて考えます。自性《じしょう》身、受用《じゅゆう》身、変化《へんげ》身、等《とう》流《る》身です。そのうち、自性法身は、永遠の生命そのもの、絶対的真理そのもの、大宇宙そのものを表わします。受用法身は、みずからの楽しみのため、あるいは衆生を救済するために、現実世界に現われた仏をいい、普賢《ふげん》、弥勒《みろく》、観音《かんのん》、文殊《もんじゅ》、各菩薩がこれに当たります。変化法身は、特別に宗教的な素質をもたないものに対しても分かるような姿となって現われる仏身で、釈尊（仏陀）をはじめ、宗教的な偉人などがこれに当たります。等流法身は、相手と同じ姿となって法を説く仏身で、仏教以外の神々とか、畜生とか、悪鬼までも含みます。この四種の法身は、宇宙に存在する無数の仏の身体を四種にまとめたものですが、これらは、どれも、唯一の真理たる大日如来と同一です。唯一無限定の大日如来は、自己自身を限定して、宇宙の一切の存在者となって現われます。一身は多仏であり、多仏は一身です。一は多であり、多は一なのです。

密教の自性法身は、宇宙の大なる生命を表わし、それ以下の諸法身は、この宇宙の大なる生命の顕現を意味しています。宇宙の大なる生命は自己自身を限定して、現実世界に直接働き出てこなければなりません。諸仏は、衆生済度のために、衆生の前に現前してこなければなりません。宇宙の大なる生命は、わたしたちの世界から遠く離れたところに働いているのではありません。それは、わたしたちの世界のただ中に働き出て、常にわたしたちを支えています。そのことを、仏教の仏身論は象徴的に語っています。

宇宙生命の遍在

大乗仏典でも、如来や諸仏の衆生世界への現前が豊かな想像力によって盛んに説かれています。例えば、『華厳経』（如来性起品）でも、宇宙生命の象徴である毘盧遮那仏の知慧の光明が衆生世界のすべてのものに広く及び、衆生を済度すると、繰り返し説かれています。如来の知慧の光明はすべての世界を隈なく照らし出し、太陽の光のように、または月の光のように別け隔てなく、はかりしれないしかたで、諸菩薩や一切衆生《いっさいしゅじょう》、さらに餓鬼・畜生にまで注ぎかけ、すべてを悟りに至らせます。しかも、如来の知慧の大光明は一味ですが、それを受け取る衆生の性質が種々異なるために、それは種々さまざまな光明となって出現します。また、この一切衆生を利益する如来の働きは、法雲が降りて来て、一切衆生に法の雨を平等に降らせるという比喩によっても表現されています。そのようにして、無量無限の如来の働きが、一切の衆生、一切の世界にあまねく遍在していることを説くのです。

同じように、『華厳経』（十地品）でも、菩薩が最後の悟りの境地、法雲地に入り、禅定に入ると、無数の蓮華や無数の菩薩が出現し、光明が全世界に放たれ、地獄・餓鬼・畜生・修羅・人間の世界の一切の苦悩が消えて、声聞《しょうもん》＊・縁覚《えんがく》＊の世界も照らし出され、すべての光明が大輪となって大虚空に浮かんでくる様子が描かれています。また、『華厳経』（入法界品《にゅうほっかいぼん》）でも、普賢菩薩が、すべての毛孔から一切世界の微塵の数に等しい光明の雲を放ち、一切世界を照らし出して、衆生たちの苦しみを救い、さらに、普賢菩薩の毛孔の一つ一つに三世一切の諸仏諸菩薩が出現している様子が描かれています。『華厳経』（世主妙厳品《せしゅみょうごんぼん》）で言われているように、「仏身は周遍《しゅうへん》して法界に等しく、普《あまね》く衆生に応じて悉《ことごと》く現前す」ということが、華厳経の繰り返し語ろうとしてきたことです。仏性はこの世界のすみずみに現われ出ていなければならないのです。

『法華経』（薬草喩品）でも、大きな雲が世界を覆って、平等に雨を降らせ、草木を潤し、その力量に応じて育てるのと同じように、如来の説法は、同一の味をもって一切衆生に及ぼされ、一切衆生をして、それぞれの機根に応じて悟りを開かせると言われています。仏法の功徳は、すべての衆生に等しく降り注ぎ、あらゆる衆生の足下に遍満しているのです。

真言密教でも、同じようなことが言われています。大日如来の知慧の光明はあらゆるところに満ちて、影をつくることもなく、昼と夜の区別もありません。また、それは、あらゆる生きとし生けるものの本来もっている特性を発揮させ、その仕事を完成させます。また、太陽が雲のあるなしにかかわらず存在するように、大日如来の光明は、生じたり滅したりすることなく、世界を照らし続けて永遠であると言われます。ここでも、大日如来の普遍的で永遠不滅の働きは、絶対の世界から現実世界の一切のものに働きかけ、一切衆生を救済すると考えられています。

大乗仏教では、どこでも、仏の永遠の力と法は、この世界に遍在しているものと考えられています。だからこそ、だれもが解脱に至ることができるのです。宇宙の根源の命は、宇宙全体にみなぎりわたり、過去・現在・未来を貫いて永続しています。とすれば、わたしたちは、最初から、宇宙に遍在する根源的命、永遠の仏法の中にいるのだと言わねばなりません。宇宙の中の一微塵のようなわたしたちの個体の中にも、常に宇宙の全生命が働き出ており、わたしたちを支えているのです。

悉有仏性

宇宙生命が世界のすみずみに働き出ているとすれば、世界に存在するすべてのものに、宇宙生命の働きは宿っていることになります。このことを、大乗仏教は、昔から、「一切衆生悉有仏性《いっさいしゅじょうしつうぶっしょう》」と言ってきました。

『涅槃経《ねはんぎょう》』（高貴徳王菩薩品・師子吼《しく》菩薩品）の説くところによれば、仏性は常に存在していて変化なく、すべての衆生は、仏性つまり悟りを得ることができる本性をもっていると言います。一切の衆生は、ことごとく仏性を有しているのです。

『華厳経』（如来性起品）でも、如来の光明が全宇宙のすみずみにまで降り注ぎ、この如来の光明に、万物は照らし出されていると説かれていました。華厳教学は、この『華厳経』の説く如来の性起を独自に解釈し、如来即性起と理解しました。つまり、如来とはもともと真理が現われ出てくることを意味し、それは一切衆生の中に仏性が起きてくることにほかならないと考えたのです。こうして、万物は仏性の現起にほかならず、すべてのものはもともと仏性をもっていることになります。わたしたちが仏性に目覚めるのは、わたしたちに本来仏性が備わっていて、わたしたちを貫いているからです。「一切衆生悉有仏性」を「性起」の方から理解したのです。

一切衆生を仏の子と主張する『法華経』でも、このことは前提されていると言えます。だからこそ、天台大師*も、『法華文句《ほっけもんぐ》』（釈譬喩品）の中で、『法華経』を解釈して、

「一切衆生、皆性得《しょうとく》の仏性あり、即《すなわ》ちこれ仏子なり。故《ゆえ》に其《そ》の中の衆生は、悉《ことごと》く是《こ》れ吾が

子と云うなり」

と説いているのです。

真言密教でも、この考えに変わりはありません。一切衆生にもともと備わっている仏性を覆っている無知や煩悩を取り払うなら、本来備わっている清浄な仏性が芽を出して、だれもが仏になれるとします。空海も、このような考えを『大日経』に基づいて確立しました。そして、みずからの心を磨き、他を利することに精進するなら、即身成仏することができると主張したのです。

最澄*も、天台の根本思想「本来本仏性、天然自性身《じしょうしん》」つまり「人には本来仏となる本質があるから、おのずからにして成仏する」という思想に基づき、「凡聖不二《ぼんじょうふに》*」「生仏一如《しょうぶついちにょ》*」をひたすら追求したのです。この凡夫や衆生に仏性が宿るという日本天台宗の考えは、その後、人間ばかりでなく、草木にも及ぼされ、草木成仏論が唱えられるに至ります。

道元*は、この草木成仏論をさらに拡大して、草木ばかりでなく、無生物にまで及ぼします。『正法眼蔵』（仏性）の中で、道元は、「一切衆生は悉《ことごと》く仏性を有す」という『涅槃経』の言葉を、大胆にも「一切衆生、悉有《しつう》は仏性なり」と読み替え、解釈し直します。そして、「悉有は仏性なり、悉有の一悉《いっしつ》を衆生という。……衆生の内外《ないげ》すなわち仏性の悉有なり」「仏性かならず悉有なり、悉有は仏性なるがゆえに」と言います。また、逆に、「一切の仏性は衆生を有す」とも言います。

生物も無生物も含めて、万物は仏性そのものであって、その万物の一つのあり方が衆生、すなわち生きとし生けるものです。生きとし生けるものの内も外も、そのまま仏性のすべてです。仏性はすなわち万物であり、万物は仏性です。むしろ、仏性そのものが生きとし生けるものを有するのです。ここでは、生あるものも生なきものも、ともに仏性の中に摂《おさ》め取られています。万物が仏性という属性をもつのではなく、むしろ、万物が仏性そのものであり、仏性の中に万物が属すのです。全宇宙に仏性でないものはない。このことを表わすために、道元は、〈悉有〉を名詞化して読むとともに、悉有と仏性とを直結して解釈したのです。そして、仏性とは牆壁《しょうへき》瓦礫《がりゃく》、つまり〈かきね〉や〈かべ〉や〈かわら〉や〈いしころ〉だと言います。

　宇宙の根源的生命がはじめから働き出ており、万物はこの宇宙の根源的生命をそれぞれに表現しているのだとすると、万物は同時に成道《じょうどう》しているのだとも言えます。万物は、仏性の場で、ともに悟りを開いています。道元も、『正法眼蔵』（大悟《たいご》）で、雪山も木石も、諸仏の悟りの場で、それぞれに同時に悟りを開き、それぞれのあるがままの姿を現わし出しており、そこに前後の別はないと言います。宇宙生命がみずからを現わし出すとき、その場で、万物はみずからを現わし出す。宇宙生命の場で、森羅万象《しんらばんしょう》は同時に生起します。

　このことは、また、万物が仏の光明の中で互いに輝いているという印象によっても語られます。『正法眼蔵』（光明）でも、長沙景岑《ちょうしゃけいしん》*や雲門文偃《うんもんぶんえん》*の言葉をあげ、十法世界のことごとくが仏祖の眼であり、仏祖の言葉であり、仏祖の全身であり、仏祖の光明ならざるはないと言います。この光明が修行して仏となり、仏として座し、仏を証するのです。人それぞれみな光明をもっており、僧堂・仏殿・庫裡《くり》・山門すべてが光明です。人々が光明を有するとともに、光明が人々を有しています。生まれ来たり死して去るも光明の去来であり、修行するのも、草木も、山水も、鳥も、すべてが光明です。この宇宙のすべてのものが仏祖の光明であり、それ自身が光明なのです。

こうして、道元は、『正法眼蔵』（一顆明珠《いっかみょうじゅ》）で、玄沙師備《げんしゃしび》*の言葉をあげ、「尽十法世界、これ一顆《いっか》の明珠《みょうじゅ》なり」と言います。この全宇宙が一粒の光り輝く珠だと言うのです。この宇宙全体が正法《しょうぼう》の眼であり、一つの真実体であり、光明であり、さわりなくまろやかにして円転自在なのです。そして、

「愛せざらんや、明珠かくのごとくの彩光きわまりなきなり。彩々光々の片々条々は、尽十《じんじっ》法界《ぼうかい》の功徳《くどく》なり」

と言います。この世界の万物がそれぞれに光り輝いているとともに、世界全体も光り輝いています。無数の草の露が朝日を受けて輝くように、草木虫魚、山川草木、日月星辰すべてのものが、宇宙生命の輝きを輝く。さらに、それらすべてを含む宇宙全体も、一個の輝く生命体なのです。解脱の前に開かれてくる世界は、そのような万物光輝の世界です。

このことを別の言葉で言えば、『法華経』（方便品《ほうべんぼん》）の言う「諸法実相《しょほうじっそう》」ということになります。すべてのものはそのままでありのままのあり方をしており、一切の存在は真実相、妙法の現われだと、『法華経』は説きます。ものが如法《にょほう》にあることが、諸法実相ということです。春には花が咲き、秋には木の葉が散ります。この自然の営みすべてが、如法の現われであり、真実相です。

この宇宙のありとあらゆるもの、森羅万象が、宇宙の大生命の表現であって、それらは、そのまま、ありのままに真実を現わし出しています。

宇宙生命の表現としての自然

わが国には、昔から、「草木国土悉皆成仏《しっかいじょうぶつ》」という考えがありました。それは、自然物のあらゆるものに生命力を認める仏教渡来以前の日本人の自然観に源泉をもっています。そして、やがて仏教が受け入れられ、日本人の魂に深く根づくと、この考えは、山川草木すべてのものが仏性を有し、仏としての本性を表わし出しているという考えに結実しました。それは、特に天台や真言の平安仏教で明確に称えられるとともに、鎌倉新仏教にも引き継がれ、さらに、平安末期以後の歌道や室町のころ完成された茶道、華道、能、江戸の俳諧にまで延々と引き継がれてきた考えでした。

道元も、『正法眼蔵』（仏性）で、「山河大地、みな仏性海なり」「山河をみるは仏性をみるなり」と言います。山も川も大地も、自然はみな仏性の現われであり、仏性の海に建立されたきらびやかな館です。山が山であり、川が川であり、大地が大地であるのは、仏性が仏性として働き出ていることなのです。山や川を見ることは、そのまま仏性を見ることです。あらゆるものに仏性は現われ出ています。

また、『正法眼蔵』（山水経）では、

「而今《にこん》の山水は、古仏の道現成《どうげんじょう》なり。ともに法位に住して、究尽《ぐうじん》の功徳を成《じょう》ぜり。空劫已前《くうごういぜん》の消息なるがゆえに、而今の活計なり。朕兆未萌《ちんちょうみぼう》の自己なるがゆえに、現成の透脱なり」と言われています。今ここにある山水は、古仏の道が現に現われ出てきたものです。山も水もそれぞれのあり方に徹して、無限の功徳を成就しています。それは、時間の始まる以前のことがらですから、永遠の今のことがらです。それは、ものの兆《きざ》しの現われる以前の自己なのですから、自己であることを解脱しています。自然は仏の姿であり、仏法の真理の実現です。それは、過去・現在・未来を越えた絶対現在の自己表現です。自然は、宇宙の真生命の表現なのです。

同じようなことは、また、無情説法という形でも説かれます。感情や意識をもたない山川草木が、そのままの姿で法を説いているのです。松を吹く風の音も、渓谷を流れる水の音も、みな諸仏の説法でないものはない。しかも、『正法眼蔵』（無情説法）によれば、その説法は、〈法を説く〉のではなく、〈法が説く〉のだと言います。「説法は法説なり」と言います。万法が山水を通してみずからを説示し現わし出すことが、説法なのです。『正法眼蔵』（弁道話）でも、草木や土地は、どれも大いなる光明を放ち、深くして妙なる法を説いて極まるところがなく、草木や牆壁《しょうへき》がよく生きとし生けるもののために法を説けば、生きとし生けるものも、翻って、草木や牆壁のために法を述べると言います。

また、「十方法界の土地・草木・牆壁《しょうへき》・瓦礫《がりゃく》みな仏事をなす」（弁道話）とも、「およそ経巻に従学《じゅうがく》するとき、まことに経巻出来《しゅったい》す。その経巻というは、尽十法界、山河大地、草木自他なり」

（自証三昧《じしょうざんまい》）とも言います。大自然の中のあらゆるものが仏事をなし、経巻を読み、宇宙の真生命を現わし出しているというのです。そこでは、自然と人とが一つになって、自然の説く法の中で人が悟り、人の悟りの中で自然も悟ります。そのような無礙《むげ》の境地が、そこには語られています。自然は宇宙の真生命の表現であり、その表現の中で、人もまたみずからの真生命に目覚めるのです。

しかし、自然がそのまま仏性の現われであり、仏法の顕現であるという考えは、平安仏教を開いた最澄や空海*がすでに語っていたことです。

最澄は、奈良の南都で授戒してのち、すぐに都の喧騒を離れ、故郷の比叡の山に籠もりました。そして、比叡の山の土地神を祀《まつ》り、清浄・霊験な山中で、ひたすら仏道を修行し、『法華経』の諸法実相の真実を体得しようとしました。自然万物、山川草木が語る仏法の声の中で、真の道を得ようとしたのです。最澄の『願文』には、そのような並々ならぬ志が語られています。

空海も、若き日に吉野や四国の山々に籠もり、高野山を開いてのちも、その深山幽谷の地で、万物救済の修行を徹底し、常に自然とともに仏法を行ずることを理想としていました。空海の『性霊集《しょうりょうしゅう》』（巻第一）の「山に遊んで仙を慕う詩」の一節でも、次のように記されています。

……

山毫《さんごう》　溟墨《めいぼく》を点じ
乾坤《けんこん》は経籍《けいせき》の箱《そう》なり

万象《ばんしょう》　一点に含み
六塵　縑緗《けんじょう》に閲《けみ》す
……
日月《にちげつ》　空水を光《て》らし
風塵　妨ぐる所無し
是非　同じく説法なり
人我　倶《とも》に消亡《しょうぼう》す
……

山は筆となって、大海原の墨池に墨をつけます。天地は経典の入れ物。あらゆる現象は一つの点の中に含まれ、欲望を生み出す六つの対象は、書物にすべて記されています。日と月は空間と水を照らし、風や塵も邪魔はできません。正も邪も等しく如来の説法であり、自他の区別は消え去ってしまいます。

ここでも、自然万物は仏法を語る経典であり、仏の説法であると説かれています。この詩では、大宇宙と渾然一体となった境地が詠《うた》われています。宇宙は光明に満ち、万物がそれを表現していると詠われています。空海の目から見れば、宇宙のすべてのものが大日如来つまり宇宙生命の姿であり、教えだったのです。

「一切衆生悉有仏性」にしても、「万物同時成道」にしても、「諸法実相」にしても、「草木国土悉皆成仏」にしても、「無情説法」にしても、どれも同じ一つのこと、つまり、万物は宇宙の大なる生命の表現に他ならないということを語っています。この宇宙に存在するすべてのものが、それぞれに大なる宇宙の表現点として、それぞれに光り輝いている世界、それが解脱や悟りの世界に開かれてくる世界なのです。

曼荼羅の世界

このことを最もよく象徴的・視覚的に表現しているのは、密教の曼荼羅《まんだら》です。真言密教の曼荼羅には、大曼荼羅、三昧耶《さんまや》曼荼羅、法曼荼羅、羯磨《かつま》曼荼羅のいわゆる四曼があります。そのうち、よく知られた大曼荼羅は宇宙の全体相を具象的に表現したもので、種々さまざまな形で表現された無数の仏像の大集成からなります。そこでは、それぞれに違った相をした諸仏・諸菩薩が、一定の規則のもとに体系的に描き出されています。この曼荼羅に描かれる無数の諸仏・諸菩薩こそ、大宇宙をそれぞれのしかたで映し表現している宇宙の諸部分を象徴しています。

この大曼荼羅は、通常、金剛界曼荼羅《こんごうかいまんだら》と胎蔵界曼荼羅《たいぞうかいまんだら》の金胎両部《こんたいりょうぶ》の曼荼羅として描かれています。このうち、金剛界曼荼羅は、如来の金剛不壊《こんごうふえ》の本体の働きとしての知慧の世界を展開します。それは、無限に区別される経験世界を表わし、如来の智法身と言われます。それは、大日如来と、その四周に位置する阿閦《あしゅく》＊・宝生《ほうしょう》＊・阿弥陀《あみだ》・不空成就《ふくうじょうじゅ》＊の四如来を中心に、全体で三十七尊でもって構成されます。大日如来を除いた三十六尊は、四つのグループに分けられ、規則正しく組織され、どれも密教教理によって意味づけがなされています。

　他方、胎蔵界曼荼羅の方は、正式には大悲《だいひ》胎蔵生《たいぞうしょう》曼荼羅《まんだら》と言われ、母親が胎児を慈しみ育むように、如来が慈悲の心で衆生を救済する精神を視覚化したものです。これは、如来の理の法身と呼ばれます。中心部の中台八葉院《ちゅうたいはちよういん》の中央には、大日如来、その周囲に宝幢《ほうどう》*・開敷華王《かいふけおう》*・無量《むりょう》寿《じゅ》*・天鼓雷音《てんくらいおん》*の四如来と、その因位《いんに》*にある普賢・文殊・観音・弥勒の四菩薩、さらに、その回りに諸仏、諸明王《みょうおう》、諸天が配置され、これらが仏部、蓮華《れんげ》部、金剛部に分けられています。胎蔵界曼荼羅に配置される諸尊は無数で、その周辺部には、ヒンドゥーの神々や餓鬼《がき》、悪鬼、お化けのようなものまで配置されています。何もかもを大日如来の分身とみて、宇宙の中の一切を救い取ろうという精神を表わしているのです。

　一方、大曼荼羅に並ぶ三昧耶《さんまや》、法、羯磨《かつま》の三曼は、宇宙の活動の特殊相を表わすものです。そのうち、三昧耶曼荼羅は、諸仏・諸菩薩が所持する刀剣、輪宝、蓮華など、仏具によって描くもので、それらによって仏の働きを象徴します。それは、具体的には、山川草木、鳥獣虫魚の姿を指します。それらはみな仏の働きとみられているからです。また、法曼荼羅は、本尊を示す梵字、真言、経典などによって描かれます。それらは、声《しょう》や字《じ》によって表わされ、それらはいずれも真実の法の表現だとみられます。また、羯磨曼荼羅とは、諸仏・諸菩薩の働きを指し、大自然の営みや人々の行ないなど、宇宙の活動すべてのものを曼荼羅とみるものです。

　どの種類の曼荼羅も、密教の曼荼羅は宇宙の縮図です。宇宙に存在するすべてのもの、日月星辰、山川草木、鳥獣虫魚、餓鬼、畜生、人間、諸天、明王、菩薩、仏、あらゆるものは、大日如来つまり宇宙の大生命の分身です。宇宙に存在するすべてのものは、宇宙生命の表現であり、それぞれに命を分けもっています。しかも、それらは、宇宙生命の場で互いに連関しています。万物がそれぞれに宇宙の真理を表現し、それぞれが価値をもち、それぞれが個性を発揮しているとともに、それぞれが互いに結びついています。一は多であり、多は一です。このような世界観を、密教の曼荼羅は語っています。曼荼羅は壮大な宇宙観の表現であり、一切のものを宇宙生命の表現として包容する壮大なコスモロジーなのです。

このような曼荼羅的世界観によれば、渓谷の響き、松を吹く風の音、鳥の声、虫の声、読経の声、真言、経典など、およそ目前に表現されるものは、すべて宇宙の大なる生命の現われだということになります。真理は目に見えない遠く離れた世界にあるのではなく、この現実にあまねく表現され、その中に宿っています。本体は現象の中に現われ、真理は現実の中にあります。

空海も、『声字実相義《しょうじじっそうぎ》』の中で、

五大にみな響《ひびき》有り
十界に言語《ごんご》を具す
六塵悉《ことごと》く文字なり
法身は是《こ》れ実相なり

と言っています。宇宙万物が語りかけている言葉こそ、宇宙が開示している真理そのものにほかならないというのです。

五大つまり地・水・火・風・空にはみな響きがあり、それぞれに真理を表現しています。しかも、この響きは声《しょう》となって表わされ、その声はいつも何らかの意味を表わし出し、聞く人の心に響きます。この声が表わす意味を名《みょう》と言い、この名が形あるもので示されると字《じ》となります。声が名を表わすのは必ず文字により、文字の起こりは六塵にあります。六塵、つまり色《しき》・声《しょう》・香《こう》・味《み》・触《そく》・法《ほう》の六種の対象は、すべて文字です。如来の説法は文字により、その文字は六塵から起きています。六塵は、大日如来、つまり宇宙の真理の顕現にほかなりません。五大とか、六塵とか、現象しているあらゆるものはすべて言葉です。地獄・餓鬼・畜生・修羅・人間・天上・声《しょう》聞《もん》・縁覚《えんがく》・菩薩・仏の十界、すべての世界は表現世界です。世界は如来の説法であり、如来の表現です。世界のあらゆる言葉は法身の現われであり、表現は真理の現われです。声字《しょうじ》より他に実相はなく、声字そのものが実相です。表現されるものが即真理です。この宇宙そのものが真理の世界であり、真理の自己表現です。真理は常に言葉を放っています。この宇宙は如来の言葉であり、表現です。この世界の万物は如来の真言であり、実相です。

空海にとって、宇宙は、常にわたしたちに語りかけ働きかけるものです。春、花が咲き、秋、木の葉が散るのも宇宙の語りかけであり、働きかけです。渓谷の惜しむことのない響きも、宇宙生命の響きです。それは如来の説法であり、実相です。

真言密教が宇宙の真理を梵字《ぼんじ》によって表現するのも、実相は常に声字《しょうじ》となって現われているという考えに基づいています。例えば、よく知られていることですが、梵語の阿字は否定を意味しますから、それは不生不滅の永遠の真理を象徴します。この世の存在は生老病死の生成流転の中にあり無常ですが、しかし、宇宙の永遠の真理は本来生起することも生成することもないということを、阿字は象徴します。だから、これは、また、一切の存在は空であるということも表現しています。

しかし、梵語の阿字は否定を意味するばかりではありません。すべての父音は、常に阿字を伴ってのみ表記されます。阿字は、すべての父音の中にあって当の父音を形成するという意味で、肯定の意味をもちます。さらに、あらゆる子音は、この阿字の変化である母音が結合することによって形成されます。そのために、阿字は、また、万物の中に遍在し、万物の生成流転を起こしている宇宙の根源的真理を象徴します。

阿字は、その否定的機能によって、不生不滅の真理や一切皆空の真理を表現するとともに、同時に、肯定の機能によって、万有に遍在する永遠の真理を表わします。阿字は、否定即肯定の根源的真理の象徴です。これを人格的に表現すれば、大日如来となり、その機能を図示すれば、金胎両部の曼荼羅となります。阿字ばかりでなく、すべての文字はそれぞれに宇宙の真理を表現し、宇宙の実相を象徴すると、密教は考えます。宇宙の真理は現象しなければならないのです。

空海の密教は現象をそのまま真理と考えますから、地・水・火・風・空・識の六大を、そのまま仏身と考えます。現実に存在する生あるものも、生なきものも、宇宙の大生命たる仏も、どれも物心一体の六大よりなります。そして、この六大を、如来の象徴、宇宙生命の表現とみるのです。空海が、『即身成仏義』の中で、「仏、六大を説いて、法界体性《ほっかいたいしょう》となしたまう」と言っているのはその意味です。空海においては、法界とは、目に見えない世界ではなく、目に見える宇宙そのものです。六大そのものが、それぞれに、全体の宇宙を表現し、象徴しているのです。地・水・火・風・空・識は宇宙に遍在する無数の仏であり、大日如来の身体です。六大は、宇宙の真理の表現であり、宇宙の真生命の宿る場です。『金剛頂経開題《こんごうちょうきょうかいだい》』で、「如来の身は六大をもって体となす」と言われているように、空海においては、六大こそ如来の法身です。わたしたちの世界の中に仏は宿り、宇宙そのものが仏の身体です。真理は具体的でなければなりません。法身は、宇宙万物そのものとして、永遠の法を説き続けています。法身は一切であり、一切は法身です。

空海にとっては、現実世界がそのまま理想世界であり、わたしたちの現実の生は肯定されます。空海の現象即実在の哲学は、根源的生命とその無限の表現の中に多様な価値をそのままに認めながら統合する生命哲学であり、生命の絶対肯定の哲学です。しかも、それを思想的に表現するばかりでなく、象徴的儀礼の体系としても表現し、その中に身体を通した実践を組み込み、壮大な宗教世界をつくりあげたのが空海の密教だったのです。

大宇宙と小宇宙

万物が宇宙生命の表現だとすれば、万物はそれぞれ大宇宙を映す小宇宙です。空海は、若いころ諸国の山に籠もって、虚空蔵求聞持《こくうぞうぐもんじ》の法を修行しました。それは、自己と宇宙が一つであることを体得する修行法でした。この修行法によって、自己が大宇宙の中に生かされており、自己の中に大宇宙が宿っていることを悟ったのです。この修行を通して、自己が宇宙の神秘に包まれ、宇宙と冥合するとき、即身成仏が体得されます。空海は、この修行で得た体験を、「谷響きを惜しまず。明星来影す」という言葉で語っています。それは、自然万物が宇宙の大いなる生命を表わし出し、自己自身も大宇宙を映す小宇宙として、それと一つになりえたことを表現するものでした。万物が大日如来の身体であり、永遠の法身の体現であるとする空海の密教思想は、この若い時の修行にその源泉をもちます。

最澄の開いた天台宗も、一粒の砂の中にも、一毛の先にも全宇宙が現在していると考えるものでした。よく知られた一念三千の教えは、それを表わしています。瞬間の思念つまり一念の中にも、三千世界つまり全宇宙が含まれています。ここでも、瞬間瞬間の自己は、そのままで大宇宙を映している小宇宙と考えられています。

道元も、『正法眼蔵』（梅華）で、先師天童如浄*の提唱や偈《げ》をあげて、同じようなことを語っています。

「老梅樹の忽開華《こつかいけ》のとき、華開世界起《けかいせかいき》なり。華開世界起の時節、すなわち春到《しゅんとう》なり。」

老梅樹がたちまち華を開くとき、それは、華開いて世界起こるということにほかなりません。華開いて世界起こる時節は、とりもなおさず春の到来にほかなりません。春が到来して華が開くのではなく、華が開いて春が到来するのです。むしろ、華の中に春が咲くのです。梅は早春を開きます。雪中に咲く梅華こそ如来の眼睛《がんぜい》です。梅華の開く時、諸仏は世に出現します。一輪の梅華という小宇宙の中に、大宇宙は開くのです。

『正法眼蔵』（唯仏与仏）でも、「古仏いわく」として、

「尽大地是《これ》真実人体《にんたい》なり、尽大地是《これ》解脱門也、尽大地是《これ》毘盧《びる》の一隻眼《せきがん》なり、尽大地是《これ》自己の法身なり」

と言っています。この大地のことごとくが、とりもなおさず真のわが身です。この大地のことごとくが、とりもなおさず解脱門です。この大地のことごとくが、とりもなおさず毘盧遮那仏《びるしゃなぶつ》の一眼です。この大地のことごとくが、とりもなおさず自己の法身だと言うのです。自己の本当の身体は、実は大地そのものです。宇宙の塵のごとき人体も、実は地・水・火・風からなる宇宙と連続しており、宇宙と一つです。自己と大地自然には隔てがなく、自己と大地自然は一つです。しかも、この大地自然がそのままで宇宙生命の表現であり、自己の真理にほかなりません。自己は、この限りない大地自然に開かれていることによって、悟りを得ることができます。小宇宙としての自己は大宇宙と一つなのです。

これと同じことは、『正法眼蔵』（十方）でも、「尽十方界是沙門《じんじっぽうかいこれしゃもん》の一隻眼《せきがん》」「尽十方界是沙門の全身」「尽十方界一人として自己ならざるなし」とも言われています。尽十方界、つまりこの大宇宙が修行者の身体です。修行者の身体は大宇宙とつながっています。自己の身体は、各部分が、

それぞれに天に接し地に接しています。天地と自己に境界はありません。全宇宙が私の身体であって、私の身体でないものはありません。自己が宇宙になり、宇宙が自己になります。自己という小宇宙は大宇宙に連続しているのです。

しかし、大宇宙の中に小宇宙があり、小宇宙の中に大宇宙があり、大宇宙と小宇宙は一つであるという思想は、よく知られているように、すでに古代インドのウパニシャッド*の哲学にあったものです。ウパニシャッドの哲学は、個我の原理である我の霊をアートマンと呼び、全宇宙の本質である宇宙の霊をブラフマンと呼び、このアートマンとブラフマンは一つであり、両者が融合するとき究極の解脱が得られると言います。この我と宇宙は一つであるという思想は、その後大乗仏教にも深く影響し、わが国の真言密教にも、天台にも、禅や念仏にも、延々と流れ来たり引き継がれてきた思想でした。万物は大宇宙を映す小宇宙であり、宇宙生命の表現なのです。解脱や悟りの場で開かれてくる宗教的世界は、宇宙生命の無限の表現世界にほかなりません。

ありのままの世界

万物が宇宙生命の表現であり、宇宙の働きと別のものではないということに気づくとき、万物がそのままで如法にあるあり方が明らさまになります。万物がそのままにあることが、法の世界にあることです。法つまり真理は、目前の存在するものの背後に隠れてあるのではなく、存在するものがあるがままにあること、そのことが真理であり、法なのです。その点では、仏教の法

(dharma) という概念が、真理を意味すると同時に、存在するものをも意味するのには、深い意味があると言わねばなりません。真理は、あるもののあるがままのあり方として、現前しています。万物が法を説いていると言われるのも、万物の如法性を表現しています。あらゆる存在者のあるがままの如性が真理なのです。

空海が、万物をそのまま法身と見て、すべての存在をあるがままに認め、すべてを肯定したのも、万物の如法性を見たからです。『性霊集』（巻第一）の詩「山に遊びて仙を慕う」の中で、

法身のみ独り能《よ》く詳《つまび》らかなり
鳧鶴《ふかく》　誰か理に非《あら》ざる
螘亀《ぎき》　詎《なん》ぞ暲《あら》われざらん

と言っているのも、存在するものの如法性を語っていると言えます。脛《はぎ》の短い鷗《かもめ》も、脛の長い鶴も、どれも道理に適っていないことはない。小さい蟻も、大きな亀も、日の当たらないことはない。如来のみは、そのことをよくわきまえておられると言うのです。あらゆるものは、それぞれに個性をもって、この世界に存在していますが、それぞれが、そのままで真理の現われであり、法の顕現なのです。

なるほど、大乗仏教、特に般若《はんにゃ》系思想*では、一切皆空を説き、空こそ真理だと言います。すべての存在は縁によって起き、相依相対であって、それ自身としての自性はないとして、一切の存在の実体性を否定します。しかし、般若系思想は、単にすべてのものの空しさを説いているので

はありません。むしろ、般若系思想の究極の真理は、この空をも空ずるところにあります。空をも空ずるとき、すべてのものは、そのあるがままの姿で現前してきます。空の場は、むしろ、我も物も、その真実のあり方をあらわにしている場です。色即是空は空即是色に転じなければなりません。一切皆空は真空妙有に転じなければなりません。絶対否定は絶対肯定に転じなければなりません。空は有と対立するものではなく、有と一つでなければなりません。

天台教学が、空仮中《くうげちゅう》の三諦円融《さんたいえんゆう》を説いたのも、この究極の真理を見ていたからです。目前に存在するものの縁起つまり相依相対性が自覚されるとき、存在するものは仮となり、真理は空として現前します。しかし、この空は、空をも空じて、再び存在するものの如実性をあらわにするのでなければなりません。仮が否定されて空となり、空が否定されて仮となり、仮と空の間、中のところに究極の真理は現われています。存在するものがあるがままにあり、そのままで真理をあらわにしているあり方が真理です。

道元も、『正法眼蔵』（空華《くうげ》）において、空の世界は本来無華《むげ》だが、しかし、それは、同時に、今の瞬間において華開くのでなければならないと言います。それは、桃や李《すもも》、梅や柳の花が咲くのを見れば明らかです。華は本来無華だが、時節が来れば、そのものの本性を全面的に現わし出し、華開くのです。空は必ず開花します。空は単なる空ではなく、空をも空じて、あるがままの有となるのです。宇宙の真理は、単に真理として彼岸にあるのではなく、この世界の万物の有となって如実に現われ出ているのです。

道元が、『正法眼蔵』（坐禅箴《ざぜんしん》）の中で、宏智《わんし》禅師＊の詩句を翻案して、

水清くして地に徹す　魚行《うおゆ》いて魚に似たり
空闊《ひろ》くして天に透る　鳥飛んで鳥のごとし

という透徹した詩句で表現していることも、万物の如法性にほかなりません。澄みきった水や広い空、つまり空の場においてのみ、魚は魚であり、鳥は鳥であり、それぞれがその本分を如実に現わし出しています。空の場で万物は如法にあり、あるがままにあります。宇宙の真理は、まさに現象するのでなければなりません。

万物が如法にあるとき、すべてのものはそれ自身の自性《じしょう》を現わし出しています。すべてのものが、それぞれに、その独自性を発揮しています。ものがもの自身になっています。あらゆるものが、自己自身において、自己自身と同一です。魚は魚であり、鳥は鳥です。しかも、このとき、魚は、自己が魚であることを知りません。鳥は、自己が鳥であることを知りません。知らないことによって、魚は魚に徹し、鳥は鳥に徹しています。魚も鳥も、真理の場で、自己の真生命を現わし、そのことによって、宇宙の真生命を表現しています。そこでは、自己と他者の対立も、自己と自己の対立もなく、宇宙的我において、自己は自己です。自受用三昧《じじゅようざんまい》の境地は、そのような境地を言います。

『正法眼蔵』（現成公案《げんじょうこうあん》）でも、

「たき木ははいとなる、さらにかへりてたき木となるべきにあらず。しかあるを、灰はのち、

薪《たきぎ》はさきと見取《けんしゅ》すべからず。しるべし、薪は薪の法位に住して、さきありのちあり。前後ありといえども、前後際断せり。灰は灰の法位にありて、のちありさきあり」

と言っています。薪は燃えて灰となり、それが再び薪に戻ることはありません。しかし、それを、灰は後に続き、薪は始めにあると考えてはなりません。薪は薪になりきっていて、始めから終わりまで薪です。前後があると言っても、その前後は断ち切られています。灰もまた灰になりきっていて、始めから終わりまで灰です。つまり、薪も灰もそれぞれに自己の三昧に徹していて、己の自性を現わし出し、自己同一性に住しています。そのかぎり、薪が灰になり、薪が前、灰が後と分別すべきではないと言うのです。

さらに、道元は、同じ箇所で、人間の生と死もこれと同じだとみて、「生も一時のくらいなり。死も一時のくらいなり」と言います。生は一瞬一瞬において生になりきっており、死は死で、一瞬一瞬において死になりきっています。生にあれば生に徹し、死にあれば死に徹し、生にあっても、死にあっても、自己同一性つまり自受用三昧にあることが、仏法の教えだと言うのです。

寒蟬《ひぐらし》は、短い夏を夏とも知ることなく、命を限り鳴き続け、そして死にます。寒蟬も、生に徹し、死に徹しているのです。それでこそ、寒蟬は寒蟬なのです。それは、ただ、宇宙そのものの大三昧《ざんまい》に身を任せ、その中に住すときにのみ、可能です。どんなに生死に迷い煩悩に惑わされていても、我も人も、すべてのものは、それ自体としては、常にそのような宇宙的三昧のうちにあるのだと言わねばなりません。

道元は、また、同じことを『正法眼蔵』（全機）の中で、圜悟《えんご》禅師＊の「生也全機現《しょうやぜんきげん》、死也全機現《しやぜんきげん》」という言葉を掲げ、これについて縷々《るる》説いています。大地も、虚空も、すべて、生ける時にもあり、死せる時にもあります。そして、大地も、虚空も、生がその全機能を顕現することを碍《さまた》げるものはどこにもなく、また、死がその機能のすべてを現ずるのを碍げるものもまったくないと言います。生も死も、宇宙の無尽蔵な働きの中で、その機能を全うしているのです。草も木も、虫も獣も、この世に存在しているものは、それぞれに全力を挙げて生き、死にます。そのような時々刻々に躍動する全力的存在、生命の生々たる働きを、道元は見ていたのです。

華厳教学を完成した法蔵＊が、〈挙体全真〉つまり、全存在を挙《あ》げてそれが真理そのものであると言ったのも、大宇宙の働きの中での万物の全力的な生の躍動を見ていたからでしょう。『法華経』（方便品）の説く〈諸法実相〉の考えも、同じことを語っています。諸法実相とは、すべての存在がありのままにあるあり方が、そのまま真理であるということでした。諸法の実相ではなく、諸法が実相です。存在するものの真理は、存在するものの背後に隠れて別のところにあるのではなく、存在するものの如実にある姿そのものです。『法華経』の説く十如是《にょぜ》、如是相・如是性《しょう》・如是体・如是力《りき》・如是作《さ》・如是因・如是縁・如是果・如是報・如是本末《ほんまつ》究竟《くきょう》等《とう》は、この存在するもののありのままのあり方を表現しています。すべて存在するものは、形相・本性・実体・能力・作用・原因・条件・結果・果報をもっていますが、それらは互いに関係し合って、帰するところ、それぞれありのままにあります。そのありのままのあり方以外に、真理の存するところはありません。

道元も、『正法眼蔵』（諸法実相）で、この『法華経』の説く諸法実相と十如是について、言葉を極めて語り尽くしています。その語るところは難解ですが、つまりは、実相の、諸法のと言うけれど、それもまた、二つのものがあって相逢うわけではなく、言うなれば、春は花に宿り、人は春に逢うということに尽きます。さらに、道元は、玄沙師備や天童如浄の故事や説をあげて、燕《つばめ》が鳴き、不如帰《ほととぎす》の声が聞こえる、そのことが、ほかならず実相を談じ実相を語っていることだと述べています。また、『正法眼蔵』（法性）でも、『法華経』の如是性を説明して、花開き葉落ちることがとりもなおさず如是性ということであり、一切の存在のあるがままの姿を離れて法性《ほっしょう》なるものは考えられないと言います。

万物の如法性にしても、真空妙有にしても、自受用三昧にしても、諸法実相にしても、結局、同じ一つのことを語っています。万物のあるがままのあり方、それがそのまま真理の現われであり、宇宙の真生命の顕現であるということです。解脱や悟りの場に開かれてくる世界は、そのような万物のありのままの世界なのです。

真理と存在

西洋では、古代ギリシア以来、真なる存在は実体という概念に求められてきました。生成消滅する現象世界の背後に常住不変の存在を考え、これを実体とみてきました。この実体としての存在は、それ自体として存在し、それ自身のもとにあるものであり、すべての偶然的なものを成り立たせる本体とされてきました。イデアにしても、個物にしても、神にしても、それ自身として存在する実体でした。

しかし、仏教では、一般に、そのような実体というものを考えません。むしろ、あらゆるものは相対的・相関的にのみあるから、それらは実体性をもたないと考えます。般若系思想の無自《むじ》性空《しょうくう》の立場は、それを表明したものです。むしろ、無自性空を真理と考えます。

しかし、無自性空は、一切の存在者を超えてそれとは別のところに存在するものではありません。もしもそのように考えるなら、無自性空という概念に反することになります。そのような背後の実体を否定するのが、無自性空の立場だからです。むしろ、空は、相対的・相関的にのみある存在、縁起によってある存在と一つに働き出ていると考えねばなりません。般若系思想で、色即是空とともに空即是色が説かれるのはそのためです。

華厳哲学は、この空即是色の立場に立ちます。無自性空の真理を真如と言い、真如は随縁《ずいえん》すると考えます。真如は、万法の中にそのまま働き出ていると考えます。真理はそのまま存在の中に働き出ているというのが、真如随縁という考えです。水は風が吹けば波立つように、真如は随縁して万法として現われます。しかも、水と波とは別のものではなく同一であるように、真如と万法は別のものではなく一つです。一切の存在の中に真理を見るのです。存在を離れて真理があるのではありません。一切の存在のありのままの姿が、そのまま真理なのです。日月星辰、山川草木、鳥獣虫魚、すべてのものがあるがままにあります。その姿が、そのまま真如なのです。この宇宙のあらゆるものが真如の現われであり、真如の変転なのです。

『華厳経』は、このことを海印三昧《かいいんざんまい》と名づけました。真如そのものである毘盧遮那仏《びるしゃなぶつ》の悟りは、静かな大海原のように、世界万物の姿を刻印しています。そして、真如そのものである毘盧遮那仏は、常に三昧に入っているというのです。宇宙の大生命と万物は別のものではなく、宇宙の大生命に映し出された姿が宇宙万物なのです。

華厳哲学を完成した法蔵は、『華厳経』の海印三昧を解釈して、これを、妄念が尽きて心が澄みわたり、万象の姿が等しく映し出されている境地としました。宇宙の大生命、仏そのものは、もともと悟りの境地にあり、真如そのものであるから、そこではあらゆる妄想は尽き果てて、静かな大海の表面のように澄みわたり、ありとあらゆるものが映し出されています。仏の悟りの世界、宇宙そのものは、わたしたちの方からも、仏の方からも説くことはできませんが、仏の悟りの境地に映し出される万物は菩薩の世界であり、説くことができます。しかも、仏の世界と菩薩の世界、宇宙そのものと万物は、水と波のように二にして一です。水が揺らいで波が起きるように、仏そのもの、宇宙そのものの変化した姿が菩薩と万物の世界だとみるのです。

『華厳五教章』（巻中・三性同異義　第二）では、このことは、また、鏡のたとえでも説明されます。ちょうど、明るい鏡が、汚れたものでも浄らかなものでも等しく映し出して、しかも、常に鏡の明るさを失わないように、真如は、汚れたものを現わし出したり、浄らかなものを現わし出したりしますが、常にその本性の浄らかさを失いません。むしろ、鏡が明るさを失わないからこそ、汚れたものでも浄らかなものでも映し出すことができるように、真如も本性の浄らかさを失わないから、汚れたものも浄らかなものも現わし出すことができるのです。また、鏡が、汚れたもの・浄らかなものを映し出すことによって、その明るさを顕現するように、真如も、汚れたもの・浄らかなものを現わし出すことによって、その本性の浄らかさを顕現します。しかも、鏡と万象が二にして一であるように、真如と万象も二にして一です。万物の働きがそのまま宇宙生命の働きであって、万物と宇宙生命は一つだというのです。

真如は、法身と呼んでも、仏心と呼んでもよいのですが、万物の実相のことであり、宇宙の真生命そのもののことです。それは、現に働き出ており、実在します。汚れなき真如は、如実に現われ、限りない功徳を現わします。この世界に存在するものを離れて、それとは別に真如があるのではありません。この世界に存在するものは、悟りの境地から見れば、みな真如です。日月星辰、山川草木、鳥獣虫魚、すべての動きが、宇宙の真生命の働きなのです。

空海も、『十住心論』（巻第九）で、真如は無常と異ならない常住であると言っています。真理は不生不滅であって、永遠に存在するものと考えられますが、だからといって、それは、生成消滅するこの世の存在と別のものではありません。永遠に存在する真理は、そのまま、この世界の生成消滅する存在として現われ出ているのでなければなりません。空海の説こうとすることは、永遠の世界は現に目前に現象しており、現象している存在そのものが、そのまま永遠の相を現わし出しているということです。

『即身成仏義』では、このことをまた、鏡にたとえています。如来の心の鏡にはすべてのものが映し出され、如来の心の鏡はすべてのものを照らしているのだから、この世の迷える人々も本質的には仏と異なりません。したがって、この身体のままで成仏できるのです。一般に、密教では、この世間は虚妄ではなく、現実の世界にこそ真理が宿っており、現実をおいてほかに真理というものはありえないと考えます。すべては、大日如来の法身つまり宇宙の真生命の現われなのです。

天台宗の空仮《くうげ》中三諦《ちゅうさんたい》円融の説は、これらと同じ真理論を、よりダイナミックな弁証法論理*によって展開したものと言えます。現実の存在は、縁起によって生じているにすぎず、本来は空です。しかし、同時に、この空は、現実存在と別のところに働いているものではなく、現実存在つまり仮として現象していなければなりません。こうして、仮は空であり、空は仮であるとみるところに、中としての真理があると考えるのが、空仮中三諦円融の説でありました。空諦《くうたい》には、一切の存在の絶対否定の働きがあり、仮諦《けたい》には、その空をも否定して、一切の存在を肯定する絶対肯定の働きがあり、中諦《ちゅうたい》には、この否定と肯定が相即しているという真理が表現されています。そして、この三諦円融説は、三諦は一諦であり、一諦は三諦の三つの相であると考えます。そこには、否定の否定としての弁証法論理があり、否定と肯定、相対と絶対の対立を止揚《しよう》*する弁証法論理があります。しかも、そのような弁証法論理を通して、本質即現象、現象即本質という真理が展開されています。真理は現象しなければなりません。現象は真理の現われなのです。

道元が語っていたことも、このことと同じことでした。例えば、『正法眼蔵』（都機《つき》）では、『金《こん》光明経《こうみょうきょう》』（天王品）に見える「仏の真法身は、なお虚空《こくう》の如く、ものに応じて形を現ずること、水中の月の如し」という句をあげ、このことについて論じています。道元の解釈によれば、目の前に見えるさまざまな草木、さまざまな物象が、そのままですべて仏の真法身でないものはない。それが水中の月の如しという意味だと言います。目前の存在は、水に映る月のように、そのまま真理の現われなのです。

道元は、また、同じようなことを、鏡にたとえてもいます。『正法眼蔵』（古鏡）では、

「諸仏諸祖の受持《じゅじ》し単伝《たんでん》するは、古鏡なり。同見同面なり。同像同鋳なり、同参同証す。胡《こ》来胡現《らいこげん》、十万八千、漢来漢現《かんらいかんげん》、一念万年《いちねんばんねん》なり。古来古現《こらいこげん》し、今来今現《こんらいこんげん》し、仏来仏現《ぶつらいぶつげん》し、祖来《そらい》祖現《そげん》するなり」

と語っています。諸々の仏祖が伝えてきた古鏡は、いつでも同じ面を映し、同じ姿を映し、同じ証《さと》りを映し出す。胡人が来れば胡人を映し、漢人が来れば漢人を映し　古人が来れば古人を現じ、今人が来れば今人を現じ、仏が来れば仏を現じ、祖が来れば祖を現ずるという意味です。曇りのない真理の鏡には、すべてのものがそのありのままの姿で映されます。そこでは、すべてのものがそれ自身であると同時に、他と一つであり、他と一つであると同時に、それ自身です。そこには万物の実相が映っています。あらゆる存在は、真理の場にあって、その真の姿を現わし出して

いるのです。

道元が、『正法眼蔵』（現成公案）の中で、

「うお水をゆくに、ゆけども水のきわなく、鳥そらをとぶに、とぶといえどもそらのきわなし。しかあれども、うおとり、いまだむかしよりみずそらをはなれず」

と語っているのも、同じような意味に解することができます。魚は水の中にいるとともに、水も魚の中にいます。鳥は空の中にいるとともに、空も鳥の中にいます。魚と水、鳥と空は一つです。ちょうどそれと同じように、個は場の中にあると同時に、場は個の中にあり、場と個は一つです。存在は真理の中にあり、真理は存在の中にあり、存在と真理は一つです。真理は存在であり、存在は真理なのです。

同じことは、『正法眼蔵』（海印三昧）の中で、『華厳経』の海印三昧を独特に解釈することによっても語られています。諸仏祖には必ず海印三昧という境地があります。仏法を説くときも、証《さと》るときも、行《ぎょう》ずるときも、すべて海を遊泳するように、この三昧の境地の働きです。その功徳は、海の底に徹底して、深々と足をつけながら、海の上を行くのと同じように、仏法の深い真理に根差しながら、仏法を働くことにあります。わたしたちの目前に働き出ているものは、すべて深い仏の命の働きであり、深い真理の働きです。この世界で生成消滅を繰り返す存在も、そのまま深い宇宙の真生命の働きなのです。

この宇宙に存在するすべての個体は、大宇宙を映す小宇宙です。万物は宇宙の中に働き出てい

るとともに、宇宙は万物の中に働き出ています。水の中に魚が住むとともに、魚の中に水が住みます。空の中に鳥が住むとともに、鳥の中に空が住みます。万物は宇宙の命の表現であり、宇宙の根源的生命の活動です。現実の存在は宇宙の真生命の現われであり、宇宙の真生命は現実の存在と別にあるのではありません。本質は現象であり、真理は存在なのです。これが、解脱や悟りの世界に開かれてくる真理なのです。

2 愛の世界

愛と慈悲

宗教は、宇宙の根源的生命に生かされてあるということの自覚です。宇宙の根源的生命に支えられてあり、それに貫かれてあることへの自覚、それがあらゆる宗教に共通した感情です。神や仏は、宇宙の根源的生命の人格的象徴であり、神の愛や仏の慈悲は、宇宙の根源的生命の働きの人格的表現です。特に、宗教感情が罪の自覚から出発するときには、宇宙生命の働きは愛や慈悲として強調されます。罪の意識とは宇宙の根源的生命からの離反の自覚であり、罪の赦《ゆる》しとか、罪からの救いという観念は、宇宙の根源的生命への帰還の自覚です。ここでは、宇宙の根源は神や仏という形で人格的に出会われます。神は罪ある者を赦す愛であり、仏は罪悪生死《ざいあくしょうじ》の凡夫を包む慈悲です。

キリスト教の神も、何よりも愛の神であり、罪ある人間を赦す神でした。人間は、人間として自立したときから、宇宙の根源から離反し、神に背く罪ある存在でしたが、神はこれをどこまでも愛によって赦します。その意味で、神の愛は、神と人の対立の宥和です。神は、人間世界の罪悪をみずからに引き受けて、これを赦し、人間世界を神の愛のうちに救い取ります。対立する者を赦すのが愛です。愛の中で、相対世界と絶対世界は宥和します。と同時に、愛の中で、相対世界の対立も宥和します。

「ヨハネ書・I」(四・七―八)でも、

「愛は神から出たものなのである。すべて愛する者は、神から生まれたものであって、神を知っている。愛さない者は、神を知らない。神は愛である」

と言われています。「マタイ伝」(二二・三七　二二・三九　五・四四―四五)でも、

「心をつくし、精神をつくし、思いをつくして、主なるあなたの神を愛せよ」

「自分を愛するようにあなたの隣り人を愛せよ」

「敵を愛し、迫害する者のために祈れ。こうして、天にいますあなたがたの父の子となるためである」

と言われています。こうして、キリスト教において、怒りの神は愛の神に転じ、キリスト教は、神への愛と隣人愛を説く人類愛の宗教に飛躍しました。怒りの神が、赦す神、恵む神に転じたと

ころに、キリスト教の独自性があります。

パウロ*も、わたしたちはキリストの体の肢体だと繰り返し述べ、愛について語っています。一つの体に沢山の肢体があって、しかも、その肢体がそれぞれ別々の働きをしながら協力し合っているように、わたしたちも、キリストの体の一部として、キリストと一つであり、他者と一つであると言います。パウロは、神と人、人と人との関係を、体と肢体、肢体と肢体の関係の比喩によってとらえ、それによって、神の愛のもとでの神への愛と隣人愛を説いたのです。パウロにおいて、キリスト教がその古い母体から離脱して万人の宗教となったのも、イエスの教えがこのような愛の教えとして受け取られたからです。

ルター*も、『キリスト者の自由』（第三〇）で、

「キリスト者は自分自身のうちに生きるのでなく、キリストと自分の隣人とにおいて生きる。すなわち、キリストにおいては信仰を通して、隣人においては愛を通して生きるのである。彼は信仰によって自分を越えて神へとのぼり、神のところから愛によってふたたび自分のもとへとくだり、しかも常に神と神の愛のうちにとどまる」

と言っています。ここでも、神の愛の中で、神への愛と隣人愛が一つになっています。それを可能にするのは信仰です。信仰から、尽きることのない神への愛と隣人愛が生まれ出てきます。

キェルケゴール*も、『愛の業《わざ》』（一）の中で、

「静かな湖は、誰の目にも触れることのない秘められた泉の中に深い底をもっているように、

人間の愛も、神の愛の中に、それよりもさらに深い底をもっている」と言います。キェルケゴールにおいても、人間が神への信仰を懐き、神への愛を持つのも、神から人間のもとに注ぎ込まれる愛においてであり、この神の愛の場で人間と人間の愛も可能だとみられているのです。

わたしたちは、宇宙の根源的生命に生かされて生きています。宇宙の根源的生命は、わたしたちを貫いています。宇宙の根源的生命の場で、わたしたちはそこへと帰一し、他と一つになりえます。そのような根源的生命の働きが、キリスト教の愛として表象されています。

大乗仏教でも、仏の大慈大悲が説かれています。もともと、大乗仏教は、仏の慈悲心の無限の働きに対する信仰から始まった宗教です。ここでは、仏の広大な慈悲心によって、一切衆生が救済されると言われます。仏の慈悲心は、善き者にも悪しき者にも平等に照り輝く太陽のように、一切衆生に無差別に及び、一切衆生をその苦しみから救い、その慈悲心の中に摂取してやみません。四弘誓願《しぐせいがん》*の中で、〈衆生《しゅじょう》無《む》辺《へん》誓願《せいがん》度《ど》〉と言われていますように、無辺の衆生を済度しようとするのが、仏の限りない願いです。仏は、母が子を思うように、一切衆生を大慈悲心の内に包みます。すべて生きとし生けるものは、宇宙の根源的生命の場に生かされて生きています。そのような根源的生命の働きが、仏教では、仏の慈悲として表現されるのです。この無辺の慈悲こそ、宗教的愛の極限だと言うべきでしょう。

浄土教でも、阿弥陀仏は、広大無辺な慈悲心から、一切の衆生を救う誓願を立て修行したとされています。阿弥陀仏の大慈大悲は、宇宙のすみずみにまで及び、あまねく衆生のために無上の法輪を転じ、一切衆生を包んでいると言われます。阿弥陀仏の無辺の慈悲の光は無差別であり、善悪を超えて、一切の衆生を照らしています。阿弥陀仏の無限の慈悲の中に摂取されるのを妨げるほどの悪は存在しません。阿弥陀仏は、どんな悪人、罪人でも、摂取して捨てることはありません。

阿弥陀仏は無量の光であり、無量の命です。この無限の光と命に包まれてあるという自覚が、阿弥陀仏の無限の慈悲の中に摂取され、救われてあるということです。阿弥陀仏は、宇宙の根源的生命の象徴であり、阿弥陀仏の無限の慈悲は、その働きを象徴しています。宇宙の根源的生命は、宇宙のすみずみにまで働き出て、宇宙のあらゆる存在の中に宿っています。それが、十方世界に自在に働き出て、衆生を済度している阿弥陀仏の慈悲として表現されているのです。この宇宙に存在するすべてのものは、宇宙の根源的生命に貫かれ、一つの命でつながっています。一切衆生が阿弥陀仏の慈悲の光と命に包まれて成仏できるという浄土教の信仰は、このことを表現するものでしょう。

回向ということ

浄土真宗で言う本願の回向《えこう》という観念も、宇宙の真生命の無限の働き、仏の無辺の慈悲を表わしています。わたしたち凡夫が浄土往生の確信を得るのは、決して、わたしたち自身の善行の功徳によるのではないと、親鸞*は考え、自分自身の力によっては、到底自分自身を救うことはできないとしました。しかし、だからこそ、そのような凡夫に対して、弥陀の限りない慈悲心は働きかけられ、その不可思議な力を現わし、わたしたちは救われるというのが、親鸞の絶対他力の考えでした。

親鸞が、『教行信証』（信巻）の中で、『無量寿経』の別訳である『無量寿如来会《むりょうじゅにょらいえ》』からの引用文をあげ、これに独特の読み方を施し、回向という概念の意味を逆転したのも、そのような考えからでした。その引用文を通常の読み方で読めば、次のようになります。

「経に言はく、諸有《あらゆる》衆生、其《そ》の名号《みょうごう》を聞きて信心歓喜《しんじんかんぎ》せんこと、乃至《ないし》一念せん、至心《ししん》に回向《えこう》して、彼国《かのくに》に生れんと願はば、即《すなわ》ち往生することを得て、不退転《ふたいてん》に住せん」

ということになります。ところが、親鸞は、この文中の「至心に回向して」という句を、大胆にも、「至心に回向したまへり」と読みました。普通に「至心に回向して」と読めば、わたしたち衆生がその行を阿弥陀仏に差し向け、その働きで浄土往生を得ることになります。しかし、親鸞のように「回向したまへり」と読むと、その働きさえも大きく転換して、すべて阿弥陀仏から衆生に向けられた慈悲の働きだということになります。親鸞においては、衆生が名号を聞き、信心を固め、念仏して、浄土に生まれようと願うのも、すべて絶対者の愛の働きだということになります。ここに、すべての自力を捨て絶対他力に徹した親鸞の独特の考えがあります。そこには、親鸞が、叡山での修行から法然*の門に身を投じ、越後に流され、絶対他力の信を深めていった全体験が現われています。親鸞の読み方の大胆さは、その体験の深さと徹底性からきているのです。

したがって、親鸞にあっては、『無量寿経』(巻上)にあげられている阿弥陀仏の第十八願も、独自に解釈されます。第十八願では、浄土に往生する心として、至心《ししん》・信楽《しんぎょう》・欲生《よくしょう》の三つの心が必要だとされています。つまり、心を至し、信じ喜び、浄土に生まれようと願う心を起こすことが肝要だとされています。しかし、親鸞の考えでは、このような三つの心を起こすのも、煩悩熾盛《しじょう》の凡夫には到底不可能です。そのため、この心そのものも、また、弥陀の慈悲心の働きかけによって起きるものだと考えられます。

わたしたち凡夫が発願《ほつがん》するのも、本来、凡夫では不可能であり、これ自身、阿弥陀仏の回向です。わたしたちの発願回向《ほつがんえこう》の働きは、わたしたちの発願回向ではなく、如来の発願回向なのです。また、浄土へ往生したいと思う心が起きるのも自力では不可能であり、弥陀の大悲心の働きかけがなければなりません。さらに、念仏という行も、わたしたち凡夫を通してなされる仏の働きです。南無阿弥陀仏の称名も、それ自身が阿弥陀仏からの回向であり、念仏を称えることができるのも、如来のはからいであり、如来の大悲から出たものです。

阿弥陀仏の本願力の働きゆえに、名号を聞くことができ、名号を聞くことによって、信心を喜ぶことができます。したがって、この信心も、わたしたちの自力によって起こされるものではなく、絶対者の側からの愛の働きです。わたしたちの信心も、阿弥陀仏の本願力によって、わたしたち衆生のために回向された賜物《たまもの》です。信心は如来の願心より生じてくるものであり、如来の慈悲心の現われです。あらゆるものが阿弥陀仏という絶対者の働きだというのが、親鸞の絶対他力の思想でした。

回向とは、本来、「その方へ身を傾ける」「その側へ向く」という意味であり、「その方向に向いて、その働きを差し向ける」ことです。通常、大乗仏教では、これは、わたしたちが何らかの善行を積み、その功徳を他に差し向け、生きとし生けるものすべてが正しい悟りに至るよう働きかけることを意味します。

しかし、親鸞の考えでは、罪悪深重《ざいあくじんじゅう》、煩悩具足《ぼんのうぐそく》の凡夫には、そのような善行を積むことは不可能だと考えられます。それでもなお、わたしたちが救われるとすれば、それは、阿弥陀仏の絶対的な働きによるのでなければなりません。その絶対者の働きを、親鸞は回向と呼ぶのです。そこでは、同じ回向という働きが、自力から他力へ、大きく解釈し直されています。わたしたち衆生の方からの回向も、すべて阿弥陀仏という絶対者からの回向だと言われます。あらゆる回向の源には、阿弥陀仏という絶対者の愛の働きがあります。親鸞が、『教行信証』（証巻）で、「それ真宗の教行信証を案ずれば、如来の大悲回向の利益《りやく》なり」と言っているのも、そのことを表わします。教えが与えられることも、念仏することも、信仰を得ることも、そのあかしを得ることも、すべて、自己の力ではなく、絶対者の慈悲心の働きの結果なのだと言うのです。

阿弥陀仏の本願力が強調されるのも、このような考えからきます。わたしたち衆生が、罪業を罪業のままにして救われるのも、阿弥陀仏の大慈大悲からくる本願力によります。わたしたちは、この本願力に生かされて生きています。わたしたちの行住坐臥すべての行ないが、本願力に支えられています。本願力は、全宇宙に行き渡り、未来永劫に働き続けています。それは、いわば宇宙の大生命の力です。宗教は、この根源的力に生かされてあるという原初的感情から出発します。

親鸞においては、回向とは、仏の方から衆生の方へ、絶対者の方から相対者の方へ施される働きですが、その働きには、往相《おうそう》と還相《げんそう》の二種類が考えられています。往相回向は、衆生の方から仏の方へ浄土往生する働きを言います。教も、行も、信も、証も、すべて往相回向に属します。これは、相対世界から絶対世界への方向です。還相回向は、浄土往生した衆生が、他の衆生を利するために、浄土から娑婆《しゃば》の方へ帰ってきて働く働きを言います。これは、絶対世界から相対世界への方向です。しかし、この往相回向も、還相回向も、ともに弥陀の本願力からの回向であり、絶対者からの愛の働きだというのが、親鸞の考えです。煩悩熾盛の凡夫にはどのような行も不可能なのだから、往相の働きも、還相の働きも、絶対者からの愛の働きと考える以外にありません。

しかも、この往相と還相は一つだと言われます。確かに、往相は浄土への方向であり、還相は浄土からの方向であって、互いに逆の方向に向いているように思われます。しかし、絶対の世界から見れば、両方向は一致しています。現に、往相の到達点は、還相の出発点でもあります。親鸞も、『正像末和讃』の中で、

南無阿弥陀仏の回向の

恩徳広大不思議にて

往相回向の利益《りやく》には
還相回向に回入《えにゅう》せり

と言っています。相対世界から絶対世界への往相の方向で得られた救いの利益は、すぐに絶対世界から相対世界への還相の方向に回入して、阿弥陀仏の広大無辺の慈悲の働きを現わすのだと言うのです。相対世界から絶対世界への方向は、同時に、絶対世界から相対世界への方向だということになります。往相と還相は、円環的に無限に連続しているのです。往相も、還相も、同じ一つの阿弥陀仏の本願力の回向であり、絶対者の働きなのです。

同じ『正像末和讃』でも、

往相回向の大慈より
還相回向の大悲をう
如来の回向なかりせば
浄土の菩提はいかがせん

と言われています。相対世界から絶対世界へ転ずるにも、自力によっては不可能なのだから、それ自身絶対者の愛の働きだと考えねばならないし、絶対世界から相対世界への働きも、自力によるものではないから、これも絶対者の愛の働きと考えねばなりません。往相も、還相も、衆生救済のためであって、仏の大慈大悲の働きなのです。

往相回向と還相回向は、円環的につながっています。浄土往生の方向は、同時に、穢土《えど》回帰の方向です。宇宙の真生命の流れは円環的です。この無限に還流する宇宙の真生命の流れの中に、絶対世界への流れもあり、絶対世界からの流れもあります。この流れに乗って絶対世界に向かうのが信仰といわれるものであり、この流れに乗って絶対世界から相対世界へ降りてくるのが衆生利益の働きです。この二つの流れは、本来、不可分の一つの流れです。わたしたちの心の中に起きる宗教心も、この宇宙の真生命の流れの中にあります。親鸞が、往相回向と還相回向を、ともに阿弥陀仏の本願力の働きとして、一つであるとみたところには、常に循環している宇宙の大生命への絶対信頼があります。そして、それこそ、宗教の本質なのです。

神の賜物としての信仰

キリスト教でも、わたしたちの信仰そのものが神の愛の働きであり、神からの恩寵《おんちょう》であるとされます。わたしたちが求める前に、わたしたちはすでに神にとらえられています。信仰は一つの選択ですが、わたしたちが選ぶ前に、わたしたちは選ばれているのです。

神の愛の働きは啓示として現われます。それは言葉として現われ、また、言葉の受肉としてのイエス・キリストとして現われます。それは神の恩恵であり、神の行為です。この神の愛のわざがあって、はじめて、人は信仰に入ることができます。信仰そのものがすでに神の啓示の光に照らし出されており、神の救いの手のうちにあります。信仰は相対的なものから絶対的なものに向かう働きですが、それ自身、絶対的なものから相対的なものへ向かう絶対者の働きかけによって、可能なのです。この点では、キリスト教と浄土系仏教は共通します。

現に、パウロは信仰のみの立場を突き詰めていきましたが、彼にとっては、この信仰さえも自己自身の力でなされるものではなく、神によって与えられるものでした。パウロは、信仰の道に辿り着くのに、自己の側からするいかなる努力も空しいと知りえて、信仰のみの道に入ったのです。としますと、彼にとって、信仰は、自己の働きである前に神の働きであり、神からの恩恵でなければならなかったのです。

パウロが「ローマ書」(八・二〇)で「被造物が虚無に服したのは、自分の意志によるのではなく、服従させたかたによるのである」と語っているのは、このことをよく表わしています。深い信仰においては、自己は神の前で無と化しますが、これも決して自己の力によるものではなく、神の愛の力によるものです。

パウロは、また、「コリント前書」(二・五)で、人の信仰は、「人の知恵によらないで、神の力によるもの」だと語っています。これは、コリントの信者たちが、党派をなして妬《ねた》みと争いの中に陥ろうとしていたときに、パウロが送った書簡の中で語られたものです。信仰は神の愛の賜物であって、パウロが与えたものでもなく、自分たちが獲得したものでもないというのが、パウロの教えようとしたことです。

このパウロの考えは、『歎異抄』(第六段)の中で語られている親鸞の考えと共通しています。信心は如来より賜ったもので、それをわがもの顔にして人に勧め、わが弟子、人の弟子と言い争うのはもってのほか、弟子は一人ももたないというのが、親鸞の考えでした。一切の自力を捨てた親鸞やパウロにとっては、絶対者への信仰そのものが絶対者からの愛の働きであり、贈り物と受け取られていたのです。

アウグスティヌス*においても、信仰は神の愛の呼びかけに促されてなされる受動的な行為とみなされ、信仰も神の賜物であるということが強調されています。アウグスティヌスによれば、人間の心は原罪に侵されているために、みずからの力で神に至ることもできず、神への方向をとることすらできません。人間の心が原罪の闇を払えるのは、神への道が神から与えられることによってのみです。神への道は、神からの恩寵として与えられ、人間が善行を積んだことに対する報酬としてではありません。信じるという意志そのものも、人間の内に起こされた神の愛のわざであり、神の恩恵です。アウグスティヌスの『告白』は、ある意味で、このことを語ろうとしたものだとも言えます。彼自身が信仰の道に入ることができたことそのことが、一方的な神の愛と忍耐と恩恵によるものだという考えによって、『告白』の全体は統一されているのです。

ルターも、信仰は神から人間に与えられる賜物であり、それ自身神の意志であり、この神の意志に促されて、人間は信仰の道に入れるものとしています。ルターにとって、信仰は、わたしたちの内で働く神のわざです。人間は原罪に支配された罪深い存在であって、人間の方からなされるいかなる善行も功績も、人間のわざであるかぎり、罪を背負っています。したがって、そのような人間が信仰の道に入れるのは、神のわざによる以外にありません。しかも、この神のわざは、イエス・キリストの事蹟となって表わされています。人間は、イエス・キリストの事蹟を通して、信仰の道に入れます。神は、キリストを通して、人間のために苦悩し、人間に信仰の道を切り開いたのです。

ルターは、深い罪の意識から出発し、信仰のみの立場に至り、しかも、その信仰をも神の愛の恵みとしました。この点で、ルターは親鸞に通じます。親鸞も、同じように、深い罪の意識から出発し、唯信《ゆいしん》の立場に至り、しかも、この信心を如来の願心より発起した慈悲の賜物としました。そこには、ともに、絶対他者の力を信頼し、他力に徹した宗教家の共通した宗教感情があります。ルターも、親鸞も、宇宙の大なる生命にすべてをまかせ、それに貫かれたところに、信仰の道を見出したのです。

宗教的決断

信仰は決断という性格をもっています。しかし、この宗教的決断それ自身がまた絶対者の愛の働きです。信じるという行為は確かに自己の行為ですが、そこに自己の力を頼むところがあるなら、まだ真の信仰にはなっていません。自己を捨てて絶対者の広大な働きの中に身を投じるのが、真の宗教的決断です。そこには、どうしても、絶対者に働きかけられるということがなければなりません。信じるという私の働きは、同時に、仏の慈悲の働きであり、神の愛の働きです。わたしが信じるということは、神や仏の呼びかけでもあります。

『歎異抄』（第二段）にあるように、親鸞が、晩年、関東からわざわざ訪ね来たった門弟たちに、「このうえは念仏をとりて信じたてまつらんとも、また、すてんとも面々の御はからいなり」と言い切ったのも、信仰が決断という性格をもっていることを表わしています。しかし、その決断は、どこまでも弥陀の本願の力に呼びかけられ支えられてなされる決断でなければなりません。親鸞自身も、叡山での修行を捨ててから、長い躊躇の末、法然との出会いを通して、絶対他力の信仰の道に身を投じました。そこには、単に親鸞一人の自由意志による決断ではなく、それを支え導く大きな仏の慈悲の力があったと言わねばなりません。

さらに、そのような宗教的決断が絶対者の懐《ふところ》に身を投じるという形でなされるには、その宗教的実存の中で、死や苦や罪の問題が、かけがえのないその人一人の切実な問題として背負い込まれていなければなりません。罪悪生死の苦悩が、生死《しょうじ》をかけた自己一個の問題として、その宗教的実存の中で極限にまで追い詰められたとき、その先端で、自己を超えた広大な救いの力に出会われるのです。

『歎異抄』（後序）の中の「弥陀の五劫思惟《ごこうしゆい》*の願をよくよく案ずれば、ひとえに親鸞一人《いちにん》がためなりけり」という親鸞の述懐は、そのような全実存をかけたぎりぎりの宗教的信念を語っています。しかも、この言葉に続けて、「それほどの業をもちける身にてありけるをたすけんとおぼしめしたちける本願のかたじけなさよ」と語られていることに注意を向けるなら、「われ一人《いちにん》がための本願」という親鸞の確信の背後に、罪悪生死の重荷を背負った一人《ひとり》の宗教的実存があることが窺《うかが》い知られます。罪悪生死の重荷は、一人ひとりの宗教的単独者によって背負われねばならないのです。それがあって、はじめて、絶対者との出会いがあり、弥陀の本願力の場に救われるということも可能なのです。絶対者の側から言えば、絶対者の広大な愛の働きは、一人ひとりの宗教的単独者を通して受け取られるのです。宗教的単独者の先端こそ、絶対者と相対者が出会う一点です。一人ひとりの宗教的単独者は、絶対者の大慈大悲の広大無辺な円環の中のそれぞれの中心なのです。

キェルケゴールも、倫理的段階から宗教的段階へ、人間実存は決断の場に置かれているとしています。実存するということは、自己が自己になろうとすることです。そして、それは、最終的には、信仰という宗教的決断を通して、神によって基礎づけられることによって可能です。そのためには、人は、それぞれ一人ひとりが、単独者として、罪を背負って神の前に立つ以外にありません。真に実存するものは、大衆ではなくして、神の前に立つ個々の単独者です。神と人との関係は、このただ一人の単独者を通してのみ成立します。親鸞同様、キェルケゴールにおいても、絶対者の愛の働きは、一人ひとりの罪を背負った単独者を通して受け取られるのです。

わたしたちは、誰もが、宇宙の根源的生命の場に生かされて生きています。この根源的生命の働きが神の愛や仏の慈悲として受け取られます。わたしたち一人ひとりは、この愛や慈悲の広大無辺な円環のそれぞれの中心です。宇宙生命は、この無数の中心を通して働き出るのです。

永遠の生命

宗教は宇宙の真生命への帰一の感情であり、宇宙の真生命へ参入することによって、永遠の生を得ようとする要求です。キリスト教や浄土教など、絶対者への信を柱とする宗教は、この永遠の生を、信を立てるということによって得ます。信を通して、生や死に迷う有限な生から、永遠の生に転換します。この永遠の生への転換は、「新しく生まれ変わる」という直接的感情によってとらえられます。それは、新しい自己の誕生であり、新生であり、再生です。宇宙の真生命の中に、それに貫かれた真の自己が見出されます。そこでは、自己の死は自己の生であり、生きている瞬間瞬間が永遠です。

原始キリスト教で成立したイエス・キリストの復活の信仰には、このような永遠の生命への信仰があります。神の愛の中でイエスは死して復活したということを信じることによって、わたしたちも、また、死しても復活するということが期待されます。キリスト教では、死は罪と結びつけられていますが、イエスの死と復活を信じることによって、わたしたちの罪は赦され、わたしたちも復活して永遠の生を得ることができるというのが、キリスト教の信仰です。わたしたちは、イエスの死・復活を通して、罪に死し愛に生きます。自己に死し、神に生きます。

「ヨハネ伝」(一一・二五—二六)でも、

「わたしは復活であり、命である。わたしを信ずるものは死んでも生きよう。また、生きてわたしを信ずるものは永遠に死なない」

と言われています。ここでは、神の子イエスの復活を信じる者は、永遠の生命を得ると語られています。ヨハネにおいては、神は永遠の生命であり、その子イエスもまた永遠の生命です。人は、このイエスを通して神に出会い、永遠の生命に参入することができます。ここには、深い生命思想があります。

同じ「ヨハネ伝」（一二・二四―二五）の

「一粒の麦が地に落ちて死ななければ、それはただ一粒のままである。しかし、もし死んだなら、豊かに実を結ぶようになる。自分の命を愛する者はそれを失い、この世で自分の命を憎む者は、これを保って永遠の命に至るであろう」

というよく知られたイエスの言葉も、人は、自己に死し神に生きることによって、永遠の生命を得ることができるという思想を語っています。ここでは、生は死であり、死は生です。神の愛の中で、生と死は一つです。生命は永遠です。

同じ思想は、また、「ルカ伝」（一七・三三）などの

「自分の命を救おうとするものは、それを失い、それを失うものは、保つのである」

というイエスの言葉としても語られています。

「ヨハネ伝」が語ろうとすることは、神の子イエスの復活を信じることによって、わたしたちは、永遠の命を得ることができるという考えでした。現に、「ヨハネ伝」（五・二四―二五）でも

「わがことばを聞いて、わたしをつかわされた方を信ずるものは永遠の命を持ち、裁きにあ

わず、死から命へと移っている」

と語られています。信仰をもちさえすれば、人は、現在の時点ですでに神の愛によって救われ、永遠の生命を得ることができるというのが、ヨハネの思想でした。したがって、ここでは、最後の審判という考えは無視されます。というより、信仰の成り立つ時点で、人はすでに裁かれているとされます。

ヨハネの神学は、神は永遠の命であり、神の子イエスも永遠の命であるという思想によって貫かれています。それは、「アブラハムが生れる前からわたしはいる」という「ヨハネ伝」(八・五八—五九)のイエスの言葉として簡潔に語られています。

キリスト教の神も、宇宙の根源的生命の象徴なのです。わたしたちは、この宇宙の根源的生命に帰一することによって、永遠の生命を得ることができます。

パウロも、イエスの十字架上での死と復活への信仰において、わたしたちは永遠の生命を得ることができるということを強調しています。「ローマ書」(六・二三)でも、

「神からの賜物はわれらの主キリスト・イエスにあっての永遠の命だからである」

と言われています。パウロにあっては、人間を救おうとする神の愛は、キリストの十字架上での死と復活において決定的な形で現われ、それへの信を確立することによって、わたしたち人間は、罪ある生から新しく生まれ変わって、永遠の生を得ることができると考えられているのです。

「ガラテア書」(二・一九—二〇)でも、次のように言われています。

「わたしはキリストと共に十字架につけられた。生きているのは、もはや、わたしではない。キリストが、わたしのうちに生きておられるのである。しかし、わたしがいま肉にあって生きているのは、わたしを愛し、わたしのためにご自身をささげられた神の御子《みこ》を信じる信仰によって、生きているのである。」

パウロにとっては、イエス・キリストへの信仰において、キリストとともに死し、キリストとともに生き、すべてをキリストにまかせて生きることが真に生きるということでした。キリストへの信仰において、自己のうちの罪と死を背負った古き人は去り、新しき人が入ってきます。自己は新しくつくられ、すべてが新しくなります。人は、アダムに死して、キリストに生きるのです。そのことは、イエス・キリストにすべてをまかせることによって可能です。それが、信仰をもって生きるということでした。ここには、宗教の本質が如実に語られています。すべての自我を放棄して絶対者のもとに生まれ変わり、それに貫かれて永遠の生命を得ることこそ、宗教の本質です。絶対者のもとでの新しい自己の誕生、新生こそ、宗教独自の感情なのです。

キェルケゴールも、この世的なものから断絶し、これを無限に諦めるとき、新しい生が与えられると言います。この世的なものに死して、偉大な霊的な力によって、まったく新しい生が与えられることが真の信仰です。求める者はこれを失い、失う者はこれを得ると言われるように、すべてを捨て、投げ出し、絶対他者に身をまかすとき、生は回復され、神との親しい関係も回復されます。キェルケゴールは、これを〈反復〉という概念でとらえました。

『おそれとおののき』の中で語られていますように、神から、わが子イサクを犠牲に捧げよと命じられたアブラハムは、この世の親子の倫理を捨て、神の要求に絶対的に従い、わが子を犠牲に供しました。しかし、このとき、神によってイサクは生き返らせられ、アブラハムはわが子を取り戻します。この反復という信仰の運動の中で得られたものは、単にもとのこの世的生ではなく、神にすべてをまかせて生きるという新しい宗教的生です。

キェルケゴールは、同じような〈反復〉という宗教的真実を、『反復』(後篇)では、「ヨブ記」にも見ます。神の試みによって、自己の財産や肉親や健康など、この世的なるものを奪われたとき、義人ヨブは、深刻な絶望の淵に落とし込まれ、神に対して反抗するに至りました。しかし、ヨブは、これを悔い改め、神の絶対的な力に帰依したとき、神から、それまで失ったものを倍加して再び与えられました。ここでも、この信仰の運動を通して得られたものは、もとの単なるこの世的生ではなく、神にすべてをまかせた新しい宗教的生です。生のあり方はより深まっています。神から財産が倍加してヨブに返されたということは、その深まりを象徴しています。宗教的生とは、この世の有限な生に死して、永遠の生に生まれ変わるということなのです。

浄土系仏教も、永遠の生命を説きます。浄土系仏教で説かれる「浄土に往生する」ということは、「永遠の生命を得る」ということです。浄土系経典の説くところによれば、世間の俗事を捨て、ひたすら阿弥陀仏の名を念じ続けるなら、誰もが必ず浄土に生まれ、阿弥陀仏の無量の光と無量の命に浴し、はかりしれない命を得ることができると言われます。浄土教が説く絶対者、阿弥陀仏は、無量寿如来あるいは無量光如来と言われていますように、全宇宙の生きとし生けるものを包み、それを貫いている宇宙の大生命の象徴です。わたしたちは、この大生命に生かされ包み込まれることによって、永遠の生を得ることができます。それが、浄土往生ということです。浄土教では、この永遠の生を、阿弥陀仏の救いへの絶対的信によって得ることができると説きます。わたしたちは、この信を通して、この世の有限な生から、永遠の生へと生まれ変わることができます。そこには、宇宙の大なる生命への絶対的信頼があります。

親鸞も〈即得往生《そくとくおうじょう》〉を説きます。つまり、信心を得たとき、即時に浄土に往生することが決《けつ》定《じょう》すると言います。そして、『愚禿鈔』(上)では、

「本願を信受するは前念命《ぜんねんみょう》終《じゅう》なり。即得往生は後念即《ごねんそく》生《しょう》なり」

と言います。つまり、弥陀の本願を信じることによって、自力の自己は死に、即得往生によって、他力の自己が新生すると言うのです。信仰を得たとき、人は、自己に死して新しく生まれ変わり、仏の永遠の生命が自己自身を貫いていることを自覚することができます。信の一念において、死は生に転換します。念仏者は、その念仏の瞬間において自己に死し、永遠の生を得ます。この点では、「生きているのは、もはや、わたしではない。キリストが、わたしのうちで生きておられるのである」と言ったパウロの信仰と共通しています。

わたしたちのこの世での生は罪悪生死の凡夫の生ですが、その有限な生そのものが無限なもの・永遠なものにすでに包み込まれているということを、絶対的なものへの信仰の中で自覚するとき、

罪悪生死の生はそのままで永遠の生となります。信の中で、生は死となり、死は生となります。宇宙の大なる生命の中では、生と死は一つです。そのような宇宙の大なる生命への絶対的信頼が、浄土系仏教の信なのです。

一人ひとりの人間は、広大な宇宙と比べれば、無限に小さな存在にすぎません。しかし、この無限に小さな存在にすぎない人間一人ひとりの中にこそ、大なる宇宙の生命力は働き出ており、それに支えられて、わたしたちは生きています。そのような大なる宇宙の力への信頼の中で、小さな自己に死して宇宙の大なる生命に自己をまかすとき、わたしたちの極小に近い有限の生は同時に永遠の生となります。このような永遠な宇宙生命への信頼が宗教の信仰であり、救いなのです。

命と光

わたしたちがそこから生まれそこへ死す宇宙の大なる生命を、仏教では法または法身と言ってきました。法身は仏の身体であり、宇宙の根源的生命です。それは、永遠の生命の場です。しかし、この法身は、目にも見えず姿にも形にも現われない宇宙の働きそのものです。親鸞も、『唯信鈔文意《もんい》』の中で、

「仏性すなわち法性なり、法性すなわち法身なり。法身はいろもなし、かたちもましまさず。しかれば、こころもおよばれずことばもたへたり」

と言っています。その意味では、この仏の本性とでも言うべき法身は、宇宙に内在する目に見えない根源的な統一力を表わすものと言えます。

仏教では、この宇宙生命の働きとでも言うべき法身は、色も形もない絶対の無ですから、また、あらゆる形をとって現われてくるとも考えます。親鸞も、『教行信証』（証巻）で、

「無為法身は法性身なり。法性寂滅なるが故に、法身は無相なり。無相の故によく相あらざることなし」

と言っています。真実の本性は仏の悟りであるから、法身は姿形を越えたものであるが、姿形を越えているから、よくどんな形をもとることができると言うのです。浄土系仏教で、法身のあり方を二つに分け、法性法身*と方便法身*の二種の法身を考えたのは、宇宙の根源的生命の働きの目に見えない面と目に見える形をとって働く面とを見ようとしたからです。

浄土系の経典で説かれる阿弥陀仏も、宇宙の大なる生命の働きを目に見える形で象徴した方便法身でした。阿弥陀仏は、方便法身として、無量の命、無量の光としての自己自身を現わします。だから、阿弥陀仏は、無量寿如来とも、無量光如来とも呼ばれたのです。阿弥陀仏は宇宙のはかりしれない生命であり、宇宙の根源的真理を象徴する仏です。阿弥陀仏は、十劫の昔、永遠の過去に悟りを開き、無量の命をもって、今も現に法を説き示していると考えられています。その知慧の光明ははかりなく、何ものにも遮られることはありません。だからこそ、阿弥陀仏の光明は無量光とも、無辺光とも、無礙光とも言われ、それは全宇宙を照らし出し、一切衆生を等しく救

います。この阿弥陀仏の光明は、凡夫には推し量ることのできない不思議な働きですから、不可思議光とも言われます。

親鸞も、『一念多念文意《もんい》』で、

「この如来は光明なり、光明は知慧なり。知慧はひかりのかたちなり、知慧はまたかたちなければ不可思議光仏ともうすなり」

と言っています。阿弥陀仏は、わたしたち生きとし生けるものを根底から支える宇宙の大生命を象徴しているのです。

『観無量寿経』でも、阿弥陀仏は広大無辺な姿となって現われ、光明を放って、十方世界を照らし、念仏衆生を摂取して捨てることがないと説かれています。親鸞は、これを、『浄土和讃』の中で、次のようないくつかの詩句で鑽仰《さんぎょう》しています。

弥陀成仏のこのかたは
いまに十劫《じっこう》をへたまえり
法身の光輪きわもなく
世《せ》の盲冥《もうみょう》をてらすなり

知慧の光明はかりなし
有量《うりょう》の諸相*ことごとく

光暁《こうきょう》かふらぬものはなし
真実明に帰命せよ

解脱の光輪きはもなし
光触《こうそく》かふるものはみな
有無をはなるとのべたもう
平等覚に帰命せよ

阿弥陀仏は、永遠の過去から全宇宙をあまねく照らし続けていたのであり、ものごとを平等に見る無限の光明は、有限的差別の相を照らし出し、平等一如の真実を明らかにしています。阿弥陀仏の絶対自由の光明は無辺の光明であり、この光に触れる者は、有無を区別する邪見を離れ、絶対の平等知に至ります。阿弥陀仏の救いの光明は、絶対の世界から相対の世界へ隈なく降り注がれ、地獄の底までも照らして、生きとし生けるすべてのものを摂《おさ》め取ると言うのです。

存在の輝き

このような絶対者の無限の光のもとでは、宇宙万物は互いにつながり、連続し、等しく救われています。親鸞も、『歎異抄』(第七段)の中で、「念仏は無碍《むげ》の一道なり」と語り、念仏がなにものにも障りなく万物に通ずる道であることを説き、さらに次のように言っています。

「親鸞は父母の孝養のためとて、一返にても念仏もうしたることいまだそうらはず。そのゆえは、一切の有情はみなもて世々《せせ》生々《しょうじょう》の父母兄弟なり、いずれもいずれもこの順《じゅん》次《じ》生《しょう》に仏になりてたすけそうらうべきなり。わがちからにてはげむ善にてもそうらはばこそ、念仏を廻向して父母をもたすけそうらはめ。ただ自力をすてて、いそぎさとりをひらきなば、六《ろく》道《どう》四《し》生《しょう》のあいだいずれの業苦にしずめりとも、神通力をもてまず有縁を度すべきなりと云云。」

生きとし生けるものはみな世々生々の父母兄弟であるから、次の世に仏となったなら、みんな助けてあげたい。自力をすてて、速やかに悟りを開くことができたなら、どんな境涯にあって、どんな業苦を受けていようとも、神力を超えた手立てをもって、まず、有縁の者を救いたいと思う、と言うのです。

ここには、すべての存在は同じ命によってつながっており、存在は連続しているという宇宙論的な響きがあります。宇宙の片隅でなされた功徳も、全宇宙に広がって、万物の成道を助けます。この世界では、あらゆることが根源的生命の場で相互に連関していますから、一つの行為は必ず他の人々や他のものに影響を及ぼします。しかも、それは、阿弥陀仏の無礙《むげ》の光に照らされ、それに摂取されるということによってのみ可能です。その無礙の光こそ、万物を通じて万物をあらしめる命であり、全存在を貫き連続させる命なのです。この点では、救いの場に開かれる世界は、悟りの場に開かれる世界に通じます。

キリスト教でも、例えば、アッシジの聖フランシス*は、水や風、日や月、火、あらゆるものを兄弟姉妹と呼び、十字を切って祝福を与え、鳥や獣にも隔てなく説法をしたと伝えられます。これも、宇宙万物がみな神の創造物として同じ命でつながっており、一切の存在は神の愛と光の中で連続しているという信仰に根差したものでしょう。人間ばかりでなく、生あるものも、生なきものもすべてを貫く大なる宇宙の命の働きこそ、宗教の感得する愛や慈悲なのです。

このように、絶対者の光にあまねく照らし出され、絶対者の無限の命に貫かれた世界では、万物の働きはみな絶対者を讃える声と受け取られます。例えば、一遍*は、『一遍上人語録』の中で、

「よろず生きとし生けるもの、山河草木、ふく風たつ浪の音までも、念仏ならずということなし」

と言っています。自然は、そのまま念仏であり、自然の表現は、そのまま称名です。自然万物が南無阿弥陀仏を称えています。花が開き、葉が落ち、鳥が啼き、虫が鳴くのも、すべて無量寿如来を称える称名だと言うのです。

『無量寿経』（巻上）でも、浄土では、阿弥陀仏の第十七願に応えて、全宇宙の無数の仏や如来がともに無量寿仏の大いなる力とその功徳の不可思議さを賛嘆していると説かれています。しかし、この浄土の様子は、この世から遠く離れた世界のことではなく、この世界で起きていることなのです。自然万物が仏の呼びかけであるとともに、諸仏を賛嘆する称名《しょうみょう》の声でもあります。自然万物は宇宙生命の表現であるとともに、それを賛嘆する声でもあります。ここでも、念仏門

と聖道門は、最終的には同じ世界観に到達します。

このような命と光の世界では、この世に存在するすべてのものが、その命と光の中で、あるがままに、それぞれにその命の輝きを輝いています。そのようなあり方は、法爾《ほうに》または自然法爾《じねんほうに》と言われます。人も物も、存在するものがおのずから法（真理）に則《のっと》ってあるがままにある、そのようなあり方を、法爾あるいは自然法爾と言います。そこには、人間の賢《さか》しらな分別の入る余地はなく、すべてのものは、そのあるがままで、おのずから肯定されます。

法然も、『法然上人行状絵図』（第二一）で、法爾の道理ということを言っています。

「法爾の道理という事あり。ほのおはそらにのぼり、水はくだりさまにながる。菓子のなかにすき物ありあまき物あり。これらはみな法爾の道理なり。阿弥陀仏の本願は、名号をもて罪悪の衆生をみちびかんとちかい給たれば、ただ一向に念仏だにも申せば、仏の来迎は法爾の道理にてうたがいなし。」

炎が上に昇り、水が下に流れ、酸っぱい菓子もあり、甘い菓子もあります。これみな法に適《かな》った道理です。それと同じように、阿弥陀仏のお迎えも自然の道理だと言うのです。ここでも、あらゆるものがありのままにあることが真理の発現であるという考えが述べられています。

親鸞も、『末燈鈔』（第五書簡）「自然法爾章」で、自然法爾を説明して、次のように言っています。

「自然《じねん》というは、自はおのずからという、行者のはからいにあらず、しからしむということばなり。然というは、しからしむということば、行者のはからいにあらず、如来のちかいにてあるがゆえに。法爾というは、この如来のおんちかいなるがゆえに、しからしむるを法爾という。」

念仏行者の自力の分別やはからいを捨てて、阿弥陀如来の請願にまかせることが、自然法爾だと言うのです。このとき、すべてのものは、あるがままに、弥陀の本願の法徳を表わします。罪悪深重、煩悩具足に徹した親鸞の最晩年、八十六歳の時の述懐です。人も物も、すべて、宇宙の真生命の発露するままにみずからをまかせて、あるがままにあるとき、真理は現前しているのです。この点でも、救いの場に開かれる世界も、悟りの場に開かれる世界もひとつです。救いの場に開かれる世界でも、悟りの場に開かれる世界でも、万物は、宇宙の永遠の生命の場で、それぞれにその命の輝きを輝き、あるがままにあるのです。

エピローグ

哲学へのあゆみ

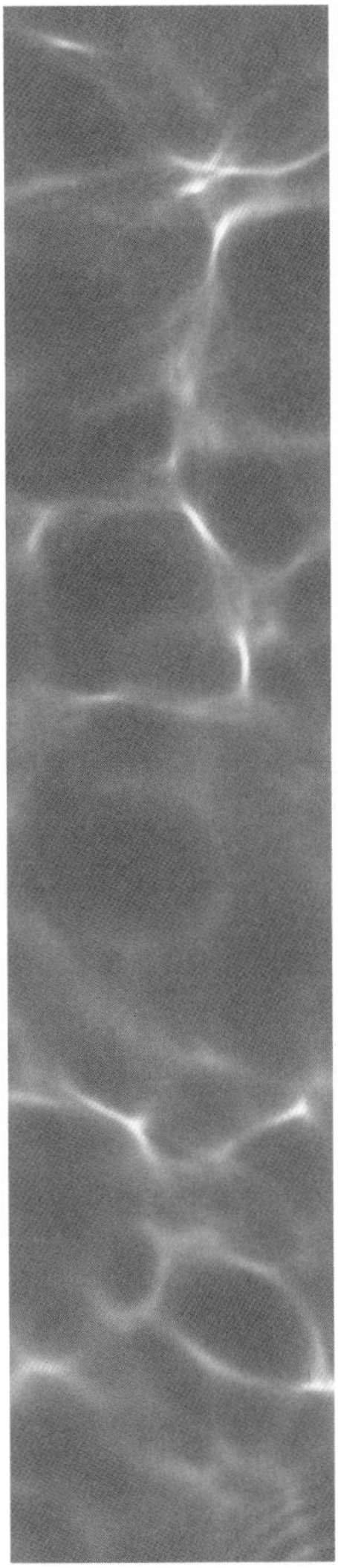

晩秋から初冬にかけての日本海側は、大陸から北西の強い季節風が吹き始め、やがて霰《あられ》まじりの時雨ともなり、薄ら寒さが一層肌に沁み込んできます。そして、水蒸気をたくさん含んだ季節風は、列島の褶曲山脈にぶつかって大量の積雪をもたらし、日本海側は冬籠もりの季節に入ります。たとえ雪の少ない年でも、冬告げ雷が鳴ってから早春の陽差しが戻ってくるまでの日本海側は、鉛色の曇天が延々と続きます。列島の日本海側は、どことなく陰鬱さをただよわせた裏寂しい気候風土なのです。

しかし、それだけに一層、日本海側に育った人々にとって、春の訪れはひとしおうれしい命の復活の季節です。早春の陽差しに輝く残雪の切れ間に顔を出した緑色の草々の中に、オオイヌノフグリの真っ青な小さな花々を発見したときの感動は、太平洋側の人々には、その実感を十分伝えることができないほどです。

そのような憂愁の気をたたえながらも命の芽吹きへの感受性を育ててくれる風土に、わたしは生まれ育ち、人生のほとんどを過ごしてきました。わたしの思想の中に、なにがなしの憂鬱さとともに、命あるものへの讃嘆の情感が潜んでいるとすれば、その背景には、このような日本海側の気候風土が横たわっているかもしれません。

しかし、そういう風土の土地にも、ここ半世紀ほどの間、時代を追うにしたがって、現代の情報洪水は否応なく押し寄せ、古きよき風習の名残りをまだなお保っていた共同体は瞬く間に崩壊していきました。

確かに、現代は、消費物資としてのおびただしい数の出版物をはじめ、大量の断片化した情報が、どこからともなく吐き出され、どこへともなく消え去っていく空しい時代です。このような情報の大量生産と大量消費の時代には、ただ時代受けするにすぎない軽佻浮薄な思想が、次々と生み出されては、消費されていくだけです。現代において流行するものは、なんら不易なものの痕跡もとどめていません。

現代の情報洪水の中では、学問は孤独です。哲学思想の分野でも、今日では、それ自身が専門分化し、文献学化してしまい、まるで独り言をいっているかのように、その業績はほとんど時代的な意味をもっていません。わたしどもがいささか学問を志し、研究者への道を歩み始めたころから、すでにそうでした。現に、わたしどもが師事した哲学教師たちも、なるほど、専攻する西洋の哲学者の文献には事細かく通じている立派な研究者ではありましたが、みずからの哲学を語る人はひとりもいませんでした。そうこうしているうちに、哲学研究は、まるで博物館に陳列した方がよいような骨董学と化してしまったのです。

他方、その後、二十世紀も末くらいになってからのことだと思いますが、今度は逆に、哲学思想分野でも、ただ時代の波に乗って気の効いたことを言うだけにすぎないタレントのような〈思想家〉が登場してきたことも確かです。

一般に、現代では、知識人の世界が、自分の専門分野にのみ閉じこもって他を顧みない単なる専門家か、大衆化の流れに迎合して、大衆の言って欲しそうなことを言うにすぎない単なる道化か、いずれかになってしまう傾向が見えます。

このような時代に、果たしてものごとについて深く思いを巡らし、それを表現することに、どれほどの意味があるのでしょうか。現代は、たとえ深い哲学的思索や深遠な思想が提示されても、すぐにどこかへ追いやられていってしまう空虚な時代です。

わたしは、そのような時代にあって、真にものごとを深く考えること、つまり哲学するということは可能なのかという問題にぶつかり、差し当たり、〈現代とはどのような時代なのか〉という問題から、自分自身の哲学的思索を始めねばなりませんでした。

わたしが現代文明論に関するいくつかの著作を発表していった背景には、以上のような時代認識があったのです。現代人が直面している精神状況について冷厳な批判的考察を加えた一連の著作は、一種の時代批判の試みであったと言えるでしょう。これらの著作で意図したことは、十九、二十、二十一世紀と、世紀を重ねるごとに拡大してきた精神の散乱のさまざまな様相をとらえ、現代文明の全体像を明らかにすることでした。

しかし、これらの厳しい時代批判の中でも、わたしは、現代文明がそこから生い立ち、そこへと帰り行くところを見つめながら、なお確固とした地盤を見出し、なお変わらないものを見定めようともしてきました。この現代という精神的終末の時代を先取的に終わりまで生き抜いて、これを思想的に包み越える道を、わたしは求めてもいたのです。

生命論的世界観の展開

その後、現代の対極にある日本や世界の原始古代に帰って、古代人の世界観や人生観、宇宙観や自然観、霊魂観などについて考察してみたのは、そのような現代の諸問題を思想的に包み越える道を見出すためでもありました。そして、生命感あふれる古代の人々のものの見方、考え方を探っていく過程で、わたしが見出した思想は、〈大地と生命の永遠〉という思想でした。〈あらゆるものは大地から生まれ大地に帰る〉という生命の再生と循環、永遠回帰の信仰こそ、宇宙の偉大な生命力を信じていた古代人の世界観であり、現代人が忘れてきた思想でした。

こうして、〈大地と生命の永遠〉という思想に至り着いたわたしは、次に、この思想に基づいた生命論的世界観を展開するために、一転して、現代の宇宙論や物理学、生物学や生態学などを素材とした新しい自然観の追究に向かいました。それは、現代の自然科学の成果をも取り入れながら、〈生きた自然〉を明らかにしようとするものでした。そして、この自然哲学の展開の中で得られた思想は、「この宇宙は常なる生成の世界であり、純粋の活動力であり、無限の創造力であり、その生命《いのち》は永遠である」という思想でした。

この思想を基軸にして、その後、わたしは、生命の本質から宇宙の真理にまで及ぶ独自の世界観を、自然ばかりでなく、社会、倫理、宗教、文明、存在、認識一般に及ぼし、自分なりの哲学を展開してきたのです。それは、一言で言えば、生命論的世界観の構築ということになるでしょう。

実際、実践哲学を展開するときも、この生命論的世界観から、人間社会を常に変動する〈生きた社会〉とみて、そこでの行為の意味や価値を考えてみました。当然、行為の意味や価値も状況に応じて動いていくことになりますから、わたしの倫理学は、行為の意味や価値を生成変化の中でとらえる〈動く倫理学〉の展開となりました。

しかし、わたしの哲学の根幹にあるものは、宗教哲学です。ここでも、わたしは、仏教やキリスト教で語られた宗教思想を生命論的世界観から解釈しました。仏教で求められた解脱の境地を根源的生命への帰一と理解し、浄土系仏教やキリスト教の救いの境地を根源的生命への絶対信頼として理解したのは、そのことによります。宗教は根源的生命への畏怖から出発し、根源的生命への帰一によって完成します。宗教的世界の中に生命論的世界観を探ろうとしたのが、わたしの宗教論です。

わたしがこのような宗教論を展開し、それを最後の基盤とした背景にも、まだ宗教的雰囲気をただよわせていた幼い日々の北陸の風土が影響しているかもしれません。わたしの生まれ育ったところは、厳しい気候風土の中、道元が日本曹洞宗を開いた土地でもあり、蓮如が浄土真宗本願寺派を広めた土地柄でもあります。わたしの宗教思想の源には、確かに道元と蓮如、そしてその源泉である親鸞の思想があります。さらに、わたしは、十五歳のとき父の死にあい、学問を志してからも自分の無力に悩むことが多く、若いうちからいろいろ彷徨を重ねたこと、四十歳のとき第二子を喪ったことなども、この宗教論には深くにじみ出ていると思います。

どんなに長い人生でも、一言で要約することができます。わたしの哲学への歩み、思想の来歴を一言で要約するとすれば、〈現代文明の批判的考察を通して、それを包み越える方向で、生命論的世界観を構築してきた〉ということに尽きるでしょう。

現代文明の考察が非真理についての考察であり、生命論的世界観の展開が真理についての考察だったとすれば、今後は、この非真理と真理の二つの方向をなんらかの形で結合することが、わたしにとっての最後の課題となるでしょう。

【人名・語句解説】（本文中で＊印を付した人名・語句の解説）

〔プロローグ〕

プラトン　（前四二七〜前三四七）古代ギリシアの哲学者。ソクラテスの弟子。個物の範型としての〈イデア〉を真の実在とする。著書に『国家』『パイドン』『饗宴』『テアイテトス』などがある。

アリストテレス　（前三八四〜前三二二）古代ギリシアの哲学者。プラトンの弟子。プラトンが、イデアを超感覚的な実在としたのに対し、個物を実在と考え、これを質料と形相からなるものとした。『形而上学』『自然学』をはじめ、論理学、倫理学、政治学、詩学などに関する多数の著作がある。

デカルト　（一五九六〜一六五〇）フランスの哲学者・数学者。あらゆる知識の絶対確実な基礎を求めて、一切を方法的に疑った後、それでも疑いえない確実な真理として、〈考える我〉を見出し、そこから神の存在と外界の存在を証明。精神と物体を互いに独立な実体とする二元論の哲学体系を樹立した。

パラダイム　一時代の支配的なものの見方のこと。特に、科学上の問題を取り扱う前提となるべきその時代の共通の思考の枠組み、範型。

リベラル・アーツ　ギリシア・ローマ時代からルネサンスにかけて一般教養を目的とした諸学科。すなわち、文法・修辞学・論理学（弁証法）の三科および算術・幾何学・天文学・音楽の四科の七学科。

ニーチェ　（一八四四〜一九〇〇）ドイツの哲学者。ヨーロッパの歴史をニヒリズムの顕在化の過程としてとらえ、ヨーロッパ近代文明を批判。伝統的形而上学を、幻の背後世界を語るものとして拒否し、神の死を告げた。力への意志と永遠回帰を説き、近代を乗り超えようとした。

オルテガ　（一八八三〜一九五五）スペインの哲学者。著書に『ドン＝キホーテについての思索』『現代の課題』『大衆の反逆』などがある。

〔II〕

ヘシオドス　（前八世紀頃）古代ギリシアの詩人。平民（特に農民）の生活を歌った最初の人。作品に『仕事と日』『神統記』など。

〔III〕

モノー　（一九一〇〜一九七六）フランスの分子生物学者。蛋白質合成の制御機構を研究し、ジャコブとともにオペロン説を提唱。

オペロン説　遺伝子には構造遺伝子と調節遺伝子があり、調節遺伝子の一つであるオペレーターにリプレッサーが結合するか否かが、それにつながる遺伝子群（オペロン）が蛋白質を合成するか否かを決めるという説。

絶対空間　ニュートン力学で、物体の運動に影響されずに、無限・一様・均質に広がるとされた不動な空間。

ベルクソン　（一八五九〜一九四一）フランスの哲学者。空間化された物理的時間概念を批判、時間の本質を純粋持続にみ、そこに真の自由があると考えた。さらに、万物の根源を宇宙的な生の躍動としてとらえ、世界を不断の創造的進化の過程としてとらえた。

原核生物　核をもたない細胞からなる生物。細菌や藍藻など。

モナド　万物の実在性を担う構成要素。不可分の単純実体。非物質的精神的な本性をもつ。万物の自己同一性と活動力の根源。

カント　（一七二四〜一八〇四）ドイツの哲学者。科学的認識の成立根拠を吟味、認識は、主観が感覚の所与を秩序づけることによって成立すると考えた。

ア・プリオリ　a priori　経験に先立つという意味。

直観形式　カントは、空間と時間を先天的な直観形式とし、感性の積極的側面を強調した。

西田幾多郎　（一八七〇〜一九四五）日本近代を代表する哲学者。西田哲学といわれる体系的哲学を展開。〈純粋経験〉〈場所的論理〉〈絶対矛盾的自己同一〉〈行為的直観〉と、その立場は変遷してきた。しかし、一貫して、仏教をはじめとする東洋的思惟の伝統の上に、これを西洋哲学の論理で説明しようと努めてきた。

ヘラクレイトス　（前五〇〇頃）古代ギリシアのソクラテス以前の哲学者。永遠の〈生成〉を説き、事物の変化の相を強調、それを燃える〈火〉に象徴させた。

ネオ・ダーウィニズム　自然淘汰の理論を拡張し、進化をもっぱら自然淘汰によるとする学説。また、現代遺伝学の成果を取り入れた進化の総合学説をいうこともある。

ウォディントン　（一九〇五〜一九七五）イギリスの動物学者。生物の形態形成に関する発生学的研究や生物学の理論的考察で、顕著な業績を残した。

ヘッケル　（一八三四〜一九一九）ドイツの動物学者。ダーウィンの進化論に基づいて、個体発生は種の系統発生の短縮されたものであるという反復説を提唱した。

〔Ⅳ〕

トゥキュディデス　（前四六〇頃〜前四〇〇頃）アテナイの歴史家。透徹した史眼と公平・正確な叙述において後世史家の模範となる。主著『歴史』八巻（未完）で、ペロポネソス戦争の歴史を記述。

孟子　（前三七二〜前二八九）中国、戦国時代の思想家。学を、孔子の孫の子思の門人に受け、王道主義を以て諸国に遊説したが用いられず、退く。その倫理説は性善説に根拠を置き、仁義礼智の徳を発揮するにありとした。

孔子　（前五五一〜前四七九）中国、春秋時代の学者・思想家。儒家の祖。堯・舜・文王・武王・周公らを尊崇し、古来の思想を大成、仁を理想の道徳とし、孝悌と忠恕とを以て理想を達成する根底とした。魯に仕えたが容れられず、諸国を歴遊して治国の道を説いたが用いられず、教育と著述に専念。

マキアヴェリ　（一四六九〜一五二七）イタリアの政治思想家・歴史家。フィレンツェの人。政治を倫理や宗教から分離して考察、近代政治学の基礎を築く。

韓非子　（?〜前二三三頃）中国、戦国時代の韓の公子。法家の大成者。しばしば書を以て韓王を諫めたが用いられず、発憤して『韓非子』を著した。

ルーマン　（一九二七〜　）ドイツの社会学者。社会システム理論による社会学の一般理論の構成を企てる。

ボルノウ　（一九〇三〜一九九一）ドイツの教育哲学者。ハイデッガーの強い影響のもと、それを教育学という立場から乗り越え、空間を、人を支える根拠として提案、教育的雰囲気という概念をつくり出した。主著に『気分の本質』など。

〔V〕

法　真理。道理。一切の存在するもの。仏教用語。

毘盧遮那仏　華厳経などの教主で、万物を照らす宇宙的存在としての仏。密教では大日如来と同じ。

声聞　仏の説法を聞いて悟る人。元来、仏弟子を意味したが、後には自利のみを求める小乗の修行者として、大乗仏教の立場から批判されるようになった。

縁覚　師なくして十二因縁の法を観じ、あるいは他の縁によって真理を悟った人。声聞とともに小乗の聖者とされる。

天台大師　（五三八〜五九七）智顗（ちぎ）。中国天台第三祖。天台山で、『法華経』の精神と龍樹の教学とを独自に体系づけた。

最澄　（七六六〜八二二）日本天台宗の開祖。法華一乗思想の道場として、比叡山根本中堂を建立。入唐後、天台宗を広めた。

道元　（一二〇〇〜一二五三）日本曹洞宗の開祖。比叡山で出家。一二二三年入宋。天童如浄より法を受け、帰朝後、京都深草の興聖寺、越前永平寺を開く。

凡聖不二　迷える凡夫にも仏性が備わっているから、凡夫も仏（聖者）と本質的には同一であるとする考え。特に、日本天台の本覚思想で強調される。

生仏一如　衆生と仏とは本性が同じであること。

長沙景岑　馬祖道一の門下南泉普願の法嗣。

雲門文偃　（八六四〜九四九）中国禅宗の雲門宗の祖。

玄沙師備　（八三五〜九〇八）中国芙蓉山で芙蓉霊訓について出家し、後に青原行思の流れをくむ雪峰義存の法を継いだ。

空海　（七七四〜八三五）わが国真言宗の開祖。唐の長安に学び、高野山に金剛峰寺を創建。

阿閦如来　密教の金剛界曼荼羅では、五仏の一で、大円鏡智を表わす。

宝生如来　密教の金剛界曼荼羅、五仏の一。南法の月輪に住して、平等性智の徳を司る。

不空成就如来　密教の金剛界曼荼羅、五仏の一。

宝幢如来　密教の胎蔵界曼荼羅、中台八葉院の東方の仏。

開敷華王如来　密教の胎蔵界曼荼羅、中台八葉院の南方の仏。

無量寿如来　阿弥陀仏のこと。はかりなきいのちの仏。密教では、胎蔵界曼荼羅の四仏の一。

天鼓雷音如来　胎蔵界曼荼羅、中台八葉院の北方の仏。

因位　未だ仏果を得ない菩薩の地位。

天童如浄　（一一六三〜一二二八）中国南宋、曹洞宗の傑僧。天童山景徳禅寺にあって、厳しい指導を行なった。道元はここに学び、大悟した。

ウパニシャッド　インド古代の宗教哲学書。宇宙の根本原理（ブラフマン）と個人の自我（アートマン）の一致などを説き、のちのインド哲学の源流となった。

般若系思想　紀元前後から長い年月をかけて成立した諸種の般若経典群を典拠として展開された思想。部派仏教の説く実体的思考を強く批判し、空の思想に根拠をおく。大乗仏教の根幹。

宏智禅師　（一〇九一〜一一五七）宏智正覚。中国曹洞宗の僧。天童山の住持となり、公案を用いない黙照禅を確立。語録に『宏智禅師広録』九巻がある。

圜悟禅師　（一〇六三〜一一三五）圜悟克勤（えんごこくごん）。中国臨済宗五祖法演について参禅し、その法を継いだ。『碧巌集』十巻の作者。

法蔵　（六四三〜七一二）華厳宗の第三祖。華厳教学を大成した。著書に『華厳五教章』『金獅子章』など。

弁証法論理　有限なものは自己自身の中で自己矛盾し、それによって自己を廃棄し、反対物へ移行すると考える論理。否定の否定、反対者の一致などを特徴とする。

止揚　あるものをそのものとしては否定しながら、一層高次の段階においてこれを生かすこと。弁証法用語。

パウロ　（?〜六四）もと熱心なユダヤ教信者であったが、復活したキリストに接したと信じて回心。生涯を伝道に捧げ、キリスト教をローマ帝国に普及させた。ローマで殉教。

ルター　（一四八三〜一五四六）ドイツの宗教改革者。一五一七年免罪符乱売を批判して、九十五ヵ条の抗議書を公開。教皇の破門を受け、宗教改革の端を開いた。

キェルケゴール　（一八一三〜一八五五）デンマークの宗教的思想家。ヘーゲル哲学に反対し、人生の最深の意味を、世界と神、信と知との絶対的対立のうちに見、後の実存哲学と弁証法神学とに大きな影響を与えた。

四弘誓願　菩薩の発する四つの誓願。「衆生無辺誓願度」「煩悩無量誓願断」「法門無尽誓願学」「仏道無情誓願成」の総称。

親鸞　（一一七三〜一二六二）浄土真宗の開祖。法然の弟子。著書に『教行信証』『唯信鈔文意』など。

法然　（一一三三〜一二一二）浄土宗の開祖。はじめ比叡山に入り天台宗を学んだが、四三歳のとき専修念仏に帰し、東山吉水に草庵を営んで、浄土宗の法門を開いた。著書に『選択本願念仏集』など。

アウグスティヌス　（三五四〜四三〇）初代キリスト教会最大の教父。西方ラテン・キリスト教界の代表的神学者で、正統的教理を完成するとともに、中世思想に決定的影響を与えた。

五劫思惟　阿弥陀仏が法蔵菩薩として修行中のとき、すべての衆生の救済のため四十八願を立てたが、その前に五劫という長い間考えつめていたことをいう。

法性法身　真実・永遠の仏身。

方便法身　衆生を導き教化するために現われ出てきた仏身。

有量の諸相　広くは、迷いの世界の一切万象を指し、狭くは、人間をはじめすべての生きとし生けるものをいう。

聖フランシス　（一一八二?〜一二二六）フランシスコ修道会の創立者。イタリア中部アッシジ生まれ。謙遜と服従、愛と清貧の生き方を徹底し、人間と自然の共鳴をうたう「太陽の歌」を創作。

一遍　（一二三九〜一二八九）はじめ天台を学び、後、浄土念仏に転ずる。一念信による弥陀との一体を主張した。全国を遊行して念仏を勧め、時宗を開く。

なお、この〔人名・語句解説〕作成にあたっては、以下の辞典類を参照した。

『広辞苑』（岩波書店・一九七三年）『哲学思想事典』（岩波書店・一九九八年）『科学者人名事典』（丸善・一九九七年）『仏教辞典』（岩波書店・一九九六年）『仏教語大辞典』（東京書籍・一九七五年）など。

【参考文献】

プロローグ

プラトン『テアイテトス』　世界古典文学全集14「プラトンⅠ」　筑摩書房　一九六四年
プラトン『ゴルギアス』　世界の名著「プラトンⅠ」　中央公論社　一九六六年
アリストテレス『形而上学』　全集12　岩波書店　一九六八年
デカルト『方法序説』　岩波文庫　一九六三年
ニーチェ『ツァラトゥストラはかく語った』　世界文学大系「ニーチェ」　筑摩書房　一九七三年
ニーチェ『生に対する歴史の利害について』　世界文学大系「ニーチェ」　筑摩書房　一九七三年
オルテガ『大衆の反逆』　世界の名著「マンハイム・オルテガ」　中央公論社　一九七四年
夏目漱石「現代日本の開化」　漱石全集第二十一巻　岩波書店　一九七九年

Ⅰ

キェルケゴール「現代の批判」　世界の名著「キルケゴール」　中央公論社　一九六四年
ヤスパース『現代の精神的状況』　ヤスパース撰集28　理想社　一九六五年
ピカート『神よりの逃走』　みすず書房　一九六三年
ホイジンガ『明日の影のなかに』　中央公論社　一九七一年

II

ヘシオドス『神統記』　世界文学大系「ギリシア思想家集」　筑摩書房　一九六五年
『リグ・ヴェーダ讃歌』　岩波文庫　一九七〇年
『アタルヴァ・ヴェーダ讃歌』　岩波文庫　一九七九年
『カレワラ』上下　講談社学術文庫　一九八三年
『エッダ』　新潮社　一九七三年

III

ユクスキュル『生物から見た世界』　思索社　一九七三年
西田幾多郎「生命」　西田幾多郎全集第十一巻　岩波書店　一九七九年

IV

トゥキュディデス『歴史』　岩波文庫　一九七七年
アリストテレス『ニコマコス倫理学』　アリストテレス全集13　岩波書店　一九八八年
『論語』　世界の名著「孔子・孟子」　中央公論社　一九七三年
『孟子』　世界の名著「孔子・孟子」　中央公論社　一九七三年
マキアヴェリ『君主論』　世界の名著「マキアヴェリ」　中央公論社　一九七三年
『韓非子』　新釈漢文大系「韓非子」上　明治書院　一九七〇年

ルーマン『信頼』　勁草書房　一九九〇年
ボルノウ『徳の現象学』　白水社　一九八三年

V

『如来蔵系経典』（『華厳経』如来性起品）　大乗仏典12　中央公論社　一九九二年
『法華経』上・中・下　岩波文庫　一九九六年
『十地経』（『華厳経』十地品）　大乗仏典8　中央公論社　一九九二年
『さとりへの遍歴』上・下（『華厳経』入法界品）　中央公論社　一九九四年
天台大師『法華文句』「国譯一切経」和漢撰述部　経疏部　第二巻　大東出版社　一九八〇年
『道元禅師全集』第一巻・第二巻　春秋社　一九九一年〜九三年
『最澄・空海』　日本の名著3　中央公論社　一九九六年
『弘法大師空海全集』第一巻・第二巻・第六巻　筑摩書房　一九八三〜四年
法蔵『華厳五教章・原人論』　大乗仏典〈中国・日本編〉7　中央公論社　一九八九年
『旧新約聖書』（文語訳）日本聖書協会　一九七三年
『聖書』（口語訳）日本聖書協会　一九六九年
『聖書』　世界の名著　中央公論社　一九七二年
ルター『キリスト者の自由』　世界の名著「ルター」　中央公論社　一九六九年

『キェルケゴール著作全集』第一巻・第二巻・第六巻・第七巻・第十巻　創言社　一九八九年
親鸞『教行信証』　岩波文庫　一九九一年
『定本親鸞聖人全集』　法蔵館　一九六九年
増谷文雄『歎異抄』　「筑摩叢書」18　筑摩書房　一九七七年
アウグスティヌス『告白』　世界の名著「アウグスティヌス」　中央公論社　一九七三年
『浄土三部経』上・下　岩波文庫　一九九一年
『法然・一遍』　大乗仏典〈中国・日本編〉21　中央公論社　一九九五年
『法然全集』第一巻〜第三巻・別巻一　春秋社　一九九二年・一九九四年

初出稿一覧

プロローグ　哲学のために　関西哲学会年報「アルケー」　一九九六年
Ⅰ　現代について――欲望の体制　『欲望の体制』南窓社　一九八五年
Ⅱ　古代について――大地と生命　『宗教とはなにか』ＮＨＫブックス　一九九七年
Ⅲ　生命について――環境と持続　『生命と宇宙』ミネルヴァ書房　一九九六年
Ⅳ　倫理について――徳の諸相　『複雑系社会の倫理学』ミネルヴァ書房　二〇〇〇年
Ⅴ　宗教について――命と愛　『宗教をどう生きるか』ＮＨＫブックス　一九九八年

〈生《せい》の哲学〉―あとがきにかえて

ずいぶん以前から、哲学の貧困、政治の貧困、心の貧困などと言われてきて久しくなりますが、しかし、いつの時代も貧困といえば貧困で、虚しく愚かなことが行なわれてきたとも言えます。人間の歴史は、人間のどうしようもない業《ごう》によって成り立っているからです。

二十一世紀初頭に当たる今日《こんにち》、わたしたちはどのような時代を生きているのでしょうか。過剰な情報に間断なく反応しながら、無尽蔵に供給され続ける幻影を消費し続けていく現代は、どこか実在感の感じられない心の支柱を失った〈不安な時代〉ではないでしょうか。センセーショナルで、あまりにも不条理な事件に立ち竦《すく》まされている昨今、現代は〈無仏の時代〉とも言うべきかもしれません。

確かに、現代は〈生きるということ〉が問われている時代だと思います。このような時代に、わたしたちはどのような心構えをもって生きていけばよいのでしょうか。どんなに愚かなことが演じられていても、それでもなお虚しくないものを求めて、確固とした基盤に立ちながら生きていかねばならないとすれば、わたしたちはどのように生きて行くべきなのでしょうか。

生命の神秘性が剥奪されてきている時代に、〈生命《いのち》とは何か〉ということを問い続けてきたわたしのこれまでの思索は、〈生きているということ〉をさまざまな局面から理解していく〈生《せい》の哲学〉だと言えます。このような時世だからこそ、軽佻浮薄な世相に迎合せずに、地にしっかりと足をつけ、自分自身の拠り所を求め続けていくことは、価値あることだと言わねばなりません。そのためには、ものごとについて深く思いをめぐらすこと、哲学することこそ必要なのではないでしょうか。

エピローグでも述べておきましたように、わたしは、ここ三十年あまり、〈現代文明の考察から生命哲学へ〉という方向で思索を重ねてきました。実際、〈生きているということ〉をいろいろな視点から照射してみた本書には、一貫して〈現代とは何か〉〈生命とは何か〉という問題意識が流れています。

このわたしの思索の道程を最もよく理解し、その時々の代表的な著作物として形あるものにしていただいてきたのは、日本放送出版協会（ＮＨＫ出版）の編集局長をしておられた道川文夫氏でした。道川氏には、同社の田中美穂氏とともに、わたしの思考のトーンとリズムをよく汲み取り、細かな配慮のもと、これまで、『古代探求』『宗教とはなにか』『宗教をどう生きるか』『二十世紀とは何であったか』『不安な時代、そして文明の衰退』を、ＮＨＫブックスとして次々と世に出していただきました。

道川氏は、その後ＮＨＫ出版を退職され、人文書館を設立。リベラル・アーツの復興を目指し、真の教養を護る出版文化の一翼を担う仕事を始められました。出版不況の時代にあっても、低俗化の波に乗らず、知的な感動を呼び起こす本作りを目標とされています。その方針と共鳴したためか、最近、今までの思索の跡を背景にした〈語り下ろし作品〉を作ってみないかというお話があり、それに応えたのが本書です。本書作成に当たっても、すでに二十年以上のお付き合いになる道川氏に全面的にお世話になりました。氏の適切なアドバイスとプロデュースがなかったら、本書は、このような形でこの世に生まれはしなかったと思います。心からお礼申し上げます。

人間が生い立ち、帰り行くところを凝視しながら、永遠なものを求めようとしている本書が、これからの時代への何らかのメッセージにでもなれば幸いです。

平成二十年九月　初秋に

著者

小林道憲……こばやし・みちのり

主な著書

〈**哲学研究**〉

『ヘーゲル「精神現象学」の考察』(理想社)
『生命と宇宙』(ミネルヴァ書房)
『複雑系社会の倫理学』(ミネルヴァ書房)
『宗教とはなにか』(日本放送出版協会)
『宗教をどう生きるか』(日本放送出版協会)
『複雑系の哲学』(麗澤大学出版会)

〈**現代文明論**〉

『欲望の体制』(南窓社)
『われわれにとって国家とは何か』(自由社)
『近代主義を超えて』(原書房)
『20世紀を読む』(泰流社)
『二十世紀とは何であったか』(日本放送出版協会)
『不安な時代、そして文明の衰退』(日本放送出版協会)
『対論・文明のこころを問う』(共著)(麗澤大学出版会)

〈**比較文明論・日本研究**〉

『古代探求』(日本放送出版協会)
『古代日本海文明交流圏』(世界思想社)
『文明の交流史観』(ミネルヴァ書房)
等がある。

写　真　水野克比古
協　力　法然院

編　集　道川龍太郎

小林道憲◉こばやし・みちのり

1944(昭和19)福井県生まれ。
1972(昭和47)年、京都大学大学院文学研究科博士課程修了。
現在、福井大学教育地域科学部教授、
麗澤大学比較文明文化研究センター客員教授。
専攻は哲学・文明論。

主な著書

〈哲学研究〉

『ヘーゲル「精神現象学」の考察』『生命と宇宙』
『複雑系社会の倫理学』『宗教とはなにか』
『宗教をどう生きるか』『複雑系の哲学』

〈現代文明論〉

『欲望の体制』『われわれにとって国家とは何か』
『近代主義を超えて』『20世紀を読む』
『二十世紀とは何であったか』
『不安な時代、そして文明の衰退』
『対論・文明のこころを問う』(共著)

〈比較文明論・日本研究〉

『古代探求』『古代日本海文明交流圏』
『文明の交流史観』
等がある。

生命《いのち》の哲学
〈生きる〉とは何かということ

発行 二〇〇八年一〇月一〇日 初版第一刷発行

著者 小林道憲

発行者 道川文夫

発行所 人文書館
〒一五一-〇〇六四
東京都渋谷区上原一丁目四七番五号
電話 〇三-五四五三-二〇〇一(編集)
〇三-五四五三-二〇一一(営業)
電送 〇三-五四五三-二〇〇四
http://www.zinbun-shokan.co.jp

ブックデザイン 鈴木一誌+松村美由起

印刷・製本 信毎書籍印刷株式会社

乱丁・落丁本は、ご面倒ですが小社読者係宛にお送り下さい。
送料は小社負担にてお取替えいたします。

ISBN 978-4-903174-19-8
Printed in Japan